1598

édition originale

STATIRA,

TRAGEDIE.

PAR Mr PRADON.

A PARIS,
Chez JEAN RIBOU, au Palais, dans la Salle Royale, à l'Image à S. Loüis.

M. DC. LXXX.

AVEC PRIVILEGE DU ROY.

STATIRA,

TRAGEDIE.

PAR Mr. PRADON.

A PARIS,
Chez JEAN RIBOU, au Palais, dans la Salle Royale, à l'Image à S. Loüis.

M. DC. LXXX.
AVEC PRIVILEGE DU ROY.

PREFACE.

LA mort de Statira causée par la jalousie de Roxane, est assez marquée dans Plutarque, pour faire le sujet d'une Tragédie; & le caractere de Roxane est trop connu par ses cruautez, pour pouvoir rien altérer de la verité. Ainsi quoy que Mr de la Calprenede dans son Roman de Cassandre, ait fait revivre Statira, je n'ay pas crû devoir suivre son exemple, les regles du Poëme Dramatique estant plus austeres que celles du Roman, qui permet beaucoup de fiction, quand l'autre s'attache le plus qu'il peut à la verité. L'amour de Leonatus & de Statira font l'Episode & le nœud de cette Piece. Quelques-uns ont esté surpris que j'aye choisy Leonatus entre tous les Successeurs *d'Aléxandre, pour Amant de Statira; mais j'ay eu des raisons assez fortes pour le faire. Leonatus estoit un Prince du sang d'Aléxandre, fort illustre par ses exploits. Il avoit commandé en chef plusieurs fois les Armées d'Aléxandre; il luy avoit sauvé la vie dans la Ville des Oxydraques, & ce fust luy qui fust envoyé apres la Bataille d'Issus dans les Tentes des Princesses, pour les asseurer de la vie de Darius, qu'elles croyoient mort. C'est dans cette entreveuë où j'ay fait naître leur tendresse, & cet endroit a paru assez beau. Il partagea l'Empire du Monde avec tous les Successeurs d'Aléxandre; & quoy qu'il ne fasse pas une grande figure dans le Roman, il en fait une assez grande dans l'Histoire, & il me doit suffire qu'il soit celebre dans Quinte-Curse & dans Justin. J'avouë que si j'avois meslé un peu plus de politique dans les sentimens de si grands Hommes, le Sujet n'en eut esté que mieux, mais quelquefois la tendresse nous emporte plus loin qu'il ne faut. J'ay changé quelques circonstances en la mort de*

Statira, qui ne pouvoient s'accommoder au Théatre. Au reste, quoy que le cours de cette Piece ait esté interrompu par la maladie d'un des Acteurs, j'espere que la lecture poura n'en pas déplaire, puis qu'elle a paru assez bien écrite aux plus délicats.

ACTEURS.

STATIRA, Fille de Darius, Veuve d'Aléxandre.

ROXANE, Fille de Cohortan, Satrape de Perse, Veuve d'Aléxandre.

LEONATUS, Prince du Sang d'Aléxandre, & un de ses Successeurs.

PERDICCAS, un des premiers Chefs de l'Armée d'Aléxandre.

CASSANDER, Fils d'Antipater, Gouverneur de la Macédoine.

HESIONE, Confidente de Roxane.

CLEONE, Confidente de Statira.

PEUCESTAS, Confident de Cassander.

GARDES, & Suite de Gardes.

La Scene est dans Babylone, dans le Palais de Cyrus.

STATIRA, TRAGEDIE.

ACTE PREMIER.

SCENE PREMIERE.

PERDICCAS, CASSANDER.

CASSANDER.

POVRQVOY tant balancer, quand pour vous tout conspire?
Vous devez vous saisir des resnes de l'Empire,
Babylone est pour vous ; Aléxandre en mourant,
Vous a donné du Trône un illustre Garant,
Seigneur, & sur vous seul remetant sa Couronne,
C'est avec son Anneau l'Univers qu'il vous donne.
Ce jour doit décider de tant de diférens,
La Terre veut un Maistre, & non pas des Tyrans.

Le fier Leonatus, Cratere, & Ptolomée,
Ont mis dans leur party la moitié de l'Armée,
On veut nous assieger, mais on voit Seleucus,
Eumenes, Alcetas, Python, Antigonus,
Qui soûtenant le droit où vostre espoir se fonde,
Veulent vous élever à l'Empire du Monde;
L'imbécille Philipe est-il né pour régner?
Les Macédoniens ont sçeu le dédaigner.
Bien que Fils de Philipe & Frere d'Aléxandre,
Est-il digne du sang dont on l'a veu descendre?
Peut-il seul commander à cent Peuples vaincus,
Et Frere d'Aléxandre en a-t-il les vertus?
Ce n'est point luy qu'au Trône Aléxandre désigne,
Ce Monarque en mourant le remet au plus digne,
Par là sans vous nommer il vous nomme en effet,
Et scelle de sa main le don qu'il vous en fait.

PERDICCAS.

Je sçais trop d'Aléxandre honorer la mémoire,
Seigneur, pour me flater de tant de vaine gloire;
Il est vray que son choix semble tomber sur moy,
Mais apres ce Héros peut-on élire un Roy?
Quand la Terre a perdu son Vainqueur & son Maître,
Est-il un Successeur qu'elle puisse connoître?
Le présent qu'il m'a fait n'a point dû m'éblouïr,
Il peut estre fatal à qui veut en joüir;
Quand de la Macédoine Aléxandre eut l'élite,
Il avoit moins de Chefs que de Roys à sa suite,
Et ce Héros vainqueur des Medes, des Persans,
Ne nommoit plus de Roys que par ses Lieutenans.
Je n'ay donc point voulu me parer d'un vain Titre,
De tous ses Successeurs je veux estre l'Arbitre,
J'en ay fait nommer un pour le faire haïr,
Et n'ay choisy qu'un Roy qui me sçeut obeïr.

Ce n'est donc point ce nom où mon cœur doit prétendre,
Seigneur, nous adorons les Veuves d'Aléxandre,
Pourquoy le taire encor? pourquoy dissimuler?
Cassander, il est temps d'agir & de parler;
J'adore Statira, vous adorez Roxane,
Et vous aimez en vain cette fiere Persane,
J'aime en vain Statira, mais il faut découvrir
Nos Rivaux trop heureux, & les faire périr;
Il faut que nostre adresse à nos forces réponde,
Maistres de Babylone, il faut l'estre du Monde;
En vain Leonatus prétend nous assieger,
Nous sçaurons le combatre, & mesme nous vanger;
Pour gouverner l'Empire où nous devons prétendre;
Il faut nous assurer des Veuves d'Aléxandre,
Et fondez sur des droits justes & souverains,
Partager son Empire & celuy des Humains.

CASSANDER.

Ce procedé, Seigneur, me paroît trop sincere,
Pour cacher plus longtemps ce que j'ay voulu taire:
Oüy, j'adore Roxane, & son cœur orgueilleux
Dédaigne mes soûpirs, & rejete mes vœux;
Fiere d'avoir un Fils aussi-bien que Barsine,
Roxane à l'Univers pour Maistre le destine,
Sans songer que ce Fils né d'un sang ennemy;
Le Fils d'une Persane est Esclave à demy,
Et que la Macédoine a des Peuples trop braves
Pour se faire des Roys du sang de leurs Esclaves;
Mais puis que nous voyons ces Trônes, ces Etats,
Payez de nostre sang, & conquis par nos bras,
Nous pouvons entre nous les partager sans crime,
Puis qu'il n'a point laissé d'Heritier légitime,
Les armes à la main, nous ferons voir à tous
Qu'Aléxandre n'a point de Successeurs que nous.

PERDICCAS.

Nos desseins sont pareils ainsi que nos tendresses,
Mais, Seigneur, il s'agit du cœur des deux Princesses,
Nous aimons l'un & l'autre, & peut-estre tous deux
Nous aurons mesme sort pour de semblables feux;
J'ay sauvé Statira des fureurs de Roxane
En bute aux cruautez de la fiere Persane,
Cette illustre Princesse auroit perdu le jour
Sans les soins empressez qu'elle doit à l'amour;
Nous devons penétrer quelle jalouse envie
L'a fait incessamment armer contre sa vie,
Peut-estre qu'un Rival aimé de toutes deux
Leur a fait rejeter nos services, nos vœux;
Statira malgré moy veut suivre Ptolomée,
Peut-estre ce Rival est-il dans son Armée?
Leonatus peut-estre, ah! Seigneur, j'en frémis....

CASSANDER.

Oüy, c'est le plus mortel de tous vos Ennemis,
Leonatus, Seigneur, dans le party contraire
Sans-doute est ce Rival que leur cœur nous préfere.

PERDICCAS.

Je sçais trop, à son nom, & mes yeux me l'ont dit,
Que Statira soûpire, & Roxane rougit;
C'est assez pour tirer de fortes conjectures,
Penétrons leurs desseins pour prendre nos mesures;
Il faut a profondir ce mistere en ce jour,
Icy la Politique est unie à l'Amour.
Roxane vient, parlez, l'occasion est belle,
Seigneur, je me retire, & vous laisse avecque elle.

SCENE II.

ROXANE, CASSANDER, HESIONE.

ROXANE.

Nous sommes investis, déja Leonatus
Nous menace & nous compte au nõbre des Vaincus;
Mais avant que son Bras ose rien entreprendre,
Il demande à nous voir, Seigneur, il faut l'entendre,
Il m'a fait demander un Ostage, & je viens
D'envoyer Alcetas suivy de deux des miens,
Dans peu nous le verrons....

CASSANDER.

Hé! que voulez-vous faire?
Recevoir dans nos murs un mortel Adversaire?
Vient-il nous menacer? & quel est son dessein?
Laissez-nous luy parler les armes à la main,
Et Perdiccas & moy, Madame...

ROXANE.

Il faut l'entendre,
Ce Prince redoutable est du sang d'Aléxandre,
On doit le respecter. Peut-estre en ce moment
Vient-il nous proposer quelque accomodement.
Seigneur, j'ay mes desseins....

CASSANDER.

Et nous avons les nostres,
Que nous sçaurons régler, Madame, sur les vostres.
Aléxandre n'est plus: Dans ce débris commun
Il laisse à l'Univers vingt Maistres au lieu d'un,
Vous en avez un Fils, vous luy devez un Trône,
Madame, choisissez la Perse & Babylone,

Le Pont, la Macédoine, ou tant d'autres Païs
Où nous pourions dans peu couronner vostre Fils;
Mais il faut à ce Fils un Tuteur qui soûtienne
Toute vostre grandeur unie avec la sienne.
Voyez, examinez, s'il n'est point parmy nous
De Prince, ou de Héros qui soit digne de vous.
Ne pouvez-vous choisir?

ROXANE.

Hé qui pouroit prétendre
A remplir dans mon cœur la place d'Aléxandre?
Pourois-je m'abaisser à souffrir qu'en ce lieu
Un Mortel usurpast le rang d'un Demy-Dieu?

CASSANDER.

Hé! Madame, les Dieux que ce discours offence,
Par ces raisons peut-estre ont hasté leur vangeance;
Irritez qu'un Mortel jusques sur leurs Autels
S'osast placer vivant au rang des Immortels;
Leur justice a fait voir que ce grand Aléxandre,
Ce Fils de Jupiter, n'estoit qu'un peu de cendre,
Pardonnez un discours qui semble injurieux;
Mais icy Cassander prend la cause des Dieux.
Ne l'avons-nous pas veu par ce nouveau caprice
Ayant de son orgueil la Fortune complice,
Rougir de paroistre Homme, & pour le démentir,
Desavoüer le sang dont on l'a veu sortir?
Et sans-doute qu'un jour ce Vainqueur teméraire
Auroit desavoüé Jupiter pour son Pere,
Si son ambition avoit pû le flater
De trouver quelque Dieu plus grand que Jupiter.

ROXANE.

Vous ne le craignez plus, mais s'il vivoit, peut-estre
Vous ne parleriez pas si haut de vostre Maistre,
Cassander, & son nom vous auroit fait trembler,
Lors qu'un de ses regards vous pouvoit accabler.

J'ay remarqué toûjours qu'envieux de sa gloire
Sans cesse vous tâchez d'obscurcir sa mémoire;
Je n'examine point le caprice des Dieux,
Ils ont eu leurs raisons pour l'oster à nos yeux.
Dûssay-je m'attirer l'éclat de leur colere,
Il fist seul ce qu'eux tous auroient eu peine à faire;
Et sans-doute ces Dieux de sa gloire jaloux
N'ont pû souffrir qu'il fust adoré parmy nous.
J'en dis trop. Mais enfin pour reparer la gloire
D'un Demy-Dieu, je dois élever sa mémoire;
Et vous devez songer qu'apres un tel Epoux
Je ne puis m'abaisser d'en choisir parmy vous,
Qu'ayant mõté si haut, mon cœur ne peut descendre,
Et qu'il faut à Roxane un second Aléxandre.
En est-il un encor?

CASSANDER.

Le seul Leonatus
Sort du sang d'Aléxandre, il en a les vertus;
Mais Statira, Madame, à vos desirs fatale,
Peut-estre dans son cœur vous donne une Rivale;
Le sang de Darius qui vous donna des Loix,
Sa beauté, son mérite, autorisent ce choix.

ROXANE.

Vous pouriez donc, Seigneur, en la trouvant si belle,
Luy présenter vos vœux, & soûpirer pour elle,
De sa gloire mon cœur ne sera point jaloux,
Et mesme je consens à luy parler pour vous.

CASSANDER.

A luy parler pour moy! Justes Dieux! Mais, Madame,
Vous ne sçavez que trop le secret de mon ame,
J'attens Leonatus; peut-estre que son cœur
Découvrant ses desseins, fera voir mon erreur;
Mais si pour Statira j'avois l'ame inquiete,
Je ne vous prîrois pas d'estre mon Interprete,

STATIRA,

Et peut-estre mes vœux seroient-ils mieux reçeus,
Si je faisois pres d'elle agir Leonatus?
Ce trait vous est sensible, & vous frape, Madame,
Je connois dans vos yeux le trouble de vostre ame,
Mais enfin dans les miens voyez à vostre tour,
Avec mon desespoir, ma rage & mon amour.

ROXANE.

Cassander, vous poussez trop loin vostre insolence,
C'est à vous devant moy de garder le silence,
Et sans aprofondir qui j'aime, ou qui je hais,
Ayez plus de respect, & n'en parlez jamais,
Retirez-vous.

CASSANDER.

Hé bien? Je vous quite, Madame,
Vous sçavez mon secret, je connois vostre flame,
Il suffit. Mais enfin si mes vœux sont déçeus,
Dans peu je serviray ceux de Leonatus.

SCENE III.

ROXANE, HESIONE.

ROXANE.

L'Orgueilleux Cassander se déclare, & me brave,
Luy, qui de mon Epoux estoit presque l'Esclave,
Il insulte à sa gloire, & sans respecter rien,
M'ose parler en Maistre, & veut estre le mien;
Il vient avec fierté me découvrir sa flame,
Il veut aprofondir le secret de mon ame,
J'en rougis, Hesione, & mes sens trop émeus
Au nom de ma Rivale & de Leonatus,

Qui réveillant tous deux ma haine & ma tendresse,
Malgré tout mon orgueil ont fait voir ma foiblesse;
Je verray mes attraits peut-estre humiliez,
Moy, qui vis le Vainqueur de la Terre à mes pieds,
Moy, qui devrois au nom de Veuve d'Aléxandre
Aller m'ensevelir dans sa superbe cendre,
J'ose encor luy survivre, & mon perfide cœur
Soûpire, & malgré moy luy donne un Successeur.
Dans ce trouble mortel je me connois à peine,
J'aperçois mon amour à travers de ma haine,
Et je dis en tremblant à mes sens éperdus,
Si je hais Statira, j'aime Leonatus.

HESIONE.

Mais, Madame, apres tout oseray-je sans crime
Sçavoir quelle raison contr'elle vous anime?
Seul reste des Enfans du sang de Darius,
Elle a mille beautez, elle a mille vertus;
Quand Perdiccas & vous la retenez captive,
A peine malgré luy vous souffrez qu'elle vive.
Que vous a-t-elle fait?

ROXANE.

Dieux, ce qu'elle m'a fait!
Hesione, elle est belle, & c'est là son forfait;
Elle sçeut m'enlever tous les vœux d'Aléxandre,
Elle a droit sur un Trône où mon Fils doit prétendre;
Mille jeunes appas qu'elle traîne apres soy,
Et toutes ses vertus, sont des crimes pour moy;
Elle est ma Concurrente à la Perse, à l'Empire,
Mais elle est ma Rivale, & mon cœur en soûpire;
Je la trouve par tout, ses charmes odieux
Ont toûjours balancé le pouvoir de mes yeux.
Il me souvient du jour qu'on trompa ma vangeance,
Je vis Leonatus courir à sa défense,

Des soins de Perdiccas il prenoit la moitié
Par d'autres intérests que ceux de la pitié;
Sans leur cruel amour, sans leur pitié fatale,
Roxane en cet instant n'avoit plus de Rivale,
Et terminant son sort pour rassurer le mien,
J'allois estre en état de ne craindre plus rien.

HESIONE.

Mais Barsine, Madame, est plus à craindre qu'elle,
Et bien que Statira soit plus jeune & plus belle,
Barsine a d'Alexandre un Fils de qui les droits
La rendront plus coupable à vos yeux.

ROXANE.

Je le vois,
La seule Statira cependant m'épouvante,
Et Barsine moins belle est bien plus innocente.
J'ay dans mes intérests, & dans ceux de mon Fils,
Eumenes, Seleucus, & cent autres Amis;
Mais si Leonatus se déclare pour elle,
S'il me porte aujourd'huy cette atteinte mortelle,
Statira doit trembler... Ce Prince que j'atens
Retient encor mon ame & mes vœux en suspens;
D'une foible espérance en secret je me flate,
Il faut que son dessein ou son amour éclate.
Dieux! j'en tremble, Hesione, & mon cœur agité...
Mais quelqu'un vient à nous d'un pas précipité.

SCENE IV.

PEUCESTAS, ROXANE, HESIONE.

PEUCESTAS.

LEonatus arrive, & Perdiccas l'emmeine;
Madame, ils sont déja dans la Chambre prochaine,
Vous l'allez voir, il vient.

ROXANE.

Ah quel trouble pressant!
Cachons mieux, s'il se peut, ce que mon cœur ressent.

SCENE V.

LEONATUS, PERDICCAS, ROXANE, CASSANDER, HESIONE, GARDES.

LEONATUS.

AVant que de nous faire une sanglante guerre
Dont les grands interests arment toute la Terre,
Madame, & vous Seigneurs; nous devons balancer
Ce qui peut la finir, loin de la commencer.
Avant que nostre Armée ose rien entreprendre,
Nous devons ce respect aux manes d'Aléxandre,
De ne pas renverser un Etat si puissant
Que son Bras a rendu superbe & florissant.
Il faut qu'un grand dessein sur l'équité se fonde;
Il s'agit du destin de l'Empire du Monde,

Et nous devons, vainqueurs de cent Peuples divers,
Partager, & non pas déchirer l'Univers.
Sur tant de Nations qui sont fieres & braves,
De Maistres nous allons devenir les Esclaves,
Et travaillant nous-mesme à nos propres débris,
Nous allons par nos bras vanger nos Ennemis.
Oüy, déja l'Indien, le Persan & le Scyte,
S'aprestent à briser le joug qui les irrite,
Et ces Peuples vaincus à demy révoltez
Nous destinent déja les fers qu'ils ont portez.
Quand nous serons en proye à la guerre civile,
Un Ennemy défait en fera naître mille,
Qui joüissans du fruit de nos communs malheurs,
Vangerons les Vaincus aux despens des Vainqueurs,
Qui devenant alors victimes de leur gloire,
Se verront accablez par leur propre victoire;
Ainsi sans nous flater de nos prétentions,
Donnons ordre au plutost à nos divisions.
Philipe a-t-il d'un Roy la veritable marque?
Non, vous n'avez en luy que l'ombre d'un Monarque,
Un Maistre qui vous sert formé de vostre main,
Et vous faites mouvoir un Fantôme si vain.
L'Univers peut-il estre un Trône heréditaire?
La Victoire a des droits plus forts que ceux d'un Frere,
Et puis que par nos mains un Héros l'a conquis,
Aléxandre est le Pere, & nous sommes les Fils.
Madame, on aura soin des intérests du vostre,
L'intérest de Barsine est déja joint au nostre,
Ainsi sur cet article on poura décider;
Mais, Madame, il m'en reste un autre à demander.
On tient dans ce Palais Statira prisonniere,
Qu'on luy rende aujourd'huy liberté toute entiere,
Tout le Camp la demande, & Ptolomée, & moy.

ROXANE.

Statira?

LEONATUS.

Comme vous elle eſt Veuve du Roy.
Madame, comme vous elle eſt libre, elle eſt Reyne;
De plus, cent mille Bras viendront briſer ſa chaîne,
Si l'on nous la refuſe, & qu'on oſe arreſter
Une Reyne d'un ſang que l'on doit reſpecter.

ROXANE.

Ciel! qu'entens-je?

PERDICCAS.

Seigneur, vous ignorez peut-eſtre
Que nous parler ainſi c'eſt nous parler en Maiſtre,
Et vous devez agir avec moins de hauteur;
Attendez qu'un Combat vous rende le vainqueur.
Mais je veux vous ouvrir mon ame toute entiere,
Oüy, c'eſt moy qui retiens la Reyne priſonniere,
Mais ſçachez que les fers que j'oſe luy donner
Ne l'attachent icy que pour l'y couronner.

LEONATUS.

La couronner, vous?

PERDICCAS.

Moy. Je prétens & j'eſpere
Que cette main la place au Trône de ſon Pere.

LEONATUS.

Mais la Reyne, Seigneur, ſuivant ce grand deſſein,
Voudra-t-elle d'un Trône offert de voſtre main?

ROXANE.

Et pourquoy non, Seigneur? Statira pouroit-elle
Refuſer une place où Perdiccas l'apelle?

CASSANDER.

Madame, Statira feroit plutoſt refus
De l'Univers offert, que de Leonatus.

ROXANE *à Caſſander.*

Je ne ſçay; mais, Seigneur, quoy qu'il arrive,
Roxane & Perdiccas la retiendront captive.

LEONATUS.

Ah Madame! ou les Dieux n'auront point d'équité,
Ou nous l'arracherons à la captivité.
Au lieu de prévenir une funeſte guerre,
Vous allez l'allumer aux deux bouts de la Terre,
Madame.

ROXANE.

Et nous, Seigneur, nous ſçaurons ſoûtenir
Ces éclats dangereux que l'on peut prévenir.
Vous pouvez cependant aſſurer Ptolomée
Que nous ne craignons point ny luy, ny ſon Armée,
à Perdiccas.
Sortons, Seigneur.

SCENE VI.

CASSANDER, LEONATUS.

CASSANDER.

Je voy qu'on nous brave tous deux,
Roxane nous inſulte & mépriſe mes feux,
Perdiccas m'abandonne & s'unit avecque elle,
Je les quite, Seigneur, & prens voſtre querelle,
Dans une heure je puis délivrer Statira,
Ou dans ce grand deſſein Caſſander périra.

LEONATUS.

Quoy, Seigneur, se peut-il que par vostre assistance...

CASSANDER.

Seigneur, vostre interest s'unit à ma vangeance,
J'en ay des moyens seûrs, mais pour les consulter,
Sortons, de peur qu'icy l'on nous puisse écouter.

Fin du Premier Acte.

ACTE II.

SCENE PREMIERE.

STATIRA, CLEONE.

STATIRA.

La superbe Roxane est toûjours irritée,
Leonatus, enfin, rend son ame agitée,
Quoy qu'elle dissimule & flate Perdiccas,
Ses yeux ont prononcé l'Arrest de mon trépas:
Oüy, Cleone, c'est là ce que j'en dois attendre;
Fille de Darius, & Veuve d'Aléxandre,
Ces grands noms si fameux, si crains dans l'Univers,
Ne servent aujourd'huy qu'â me charger de fers;
Ces grands noms aujourd'huy font ma peine & mon crime,
Et de la Politique innocente Victime,
En bute à cent périls, je me vois tour à tour
Et l'objet de la haine, & l'objet de l'amour.

CLEONE.

Lors que Leonatus est venu de l'Armée,
Madame, l'on a veu que Roxane allarmée,
Unie à Perdiccas, a sçeu tout refuser
Ce que Leonatus est venu proposer.

Mais d'où vient que Roxane à vos jours si fatale...

STATIRA.

Pourquoy t'en étonner? Roxane est ma Rivale;
Sa rage, ses chagrins, ses fureurs, ses refus,
Tout me dit que Roxane aime Leonatus.
Mais écoute, Cleone, il est temps de t'aprendre
Le secret & l'amour des Veuves d'Aléxandre;
Mes feux, mes tristes feux, ne sont point criminels,
Quand j'adore apres luy le plus grand des Mortels,
Car si de l'Univers il n'eut esté le Maître,
Le seul Leonatus estoit digne de l'estre.
Aprens donc mon amour, ma crainte, mes ennuis,
Et l'état pitoyable où mes jours sont réduits.
Helas! te souvient-il de ce jour mémorable
Qui fit de Darius le destin déplorable!
Quand le monde ébranlé par ce premier revers
Commença de trembler nous voyant dans les fers;
Que dans le Champ d'Issus Aléxandre eut la gloire
D'honorer de nos fers sa premiere victoire,
Nous attendions en pleurs le destin des Vaincus,
Lors qu'on nous annonça la mort de Darius:
De cent cris douloureux nos Tentes retentirent,
Les Vaincus, les Vainqueurs, cõme nous en gémirent;
Ma Mere évanoüye, avec Sysigambis,
Nous faisoit redoubler nos sanglots & nos cris,
Nous estions à leurs pieds dans ces tristes allarmes;
Et pour les secourir nous n'avions que nos larmes.
Aléxandre touché que par un faux raport
Nous estions allarmez pour cette feinte mort,
Voulut secher les pleurs qu'il nous faisoit répandre;
Leonatus entra de la part d'Aléxandre,
Et ce Prince attendry de nos vives douleurs
D'un seul mot arresta la source de nos pleurs.

Ciel! avec quelle grace il aborda ma Mere
Lors qu'il nous détrompa de la mort de mon Pere!
Que son air estoit libre & remply de grandeur!
Et qu'il me parût propre à consoler un cœur!
Je ne sçay si déja pour mon Pere attendrie,
Lors que Leonatus m'assuroit de sa vie,
Mon cœur sans y penser, par un juste retour,
Fist servir l'amitié de passage à l'amour:
Enfin dans cet instant je ne pûs me défendre
De sentir pour ce Prince un mouvement trop tendre;
Et soit que le Destin ou l'Amour le voulut,
Il me vit, je luy plûs, je le vis, il me plût.

CLEONE.

Mais, Madame, depuis, malgré ce cœur si tendre,
Leonatus vous vit l'Epouse d'Aléxandre,
Et cet illustre nom qui vous couvre d'éclat....

STATIRA.

Il fallut obeïr en Victime d'Etat;
Leonatus remply d'une douleur extréme,
Desesperé, tremblant, vint m'annoncer luy-mesme
Qu'Aléxandre dans peu me devoit épouser,
Et qu'il l'avoit chargé de me le proposer:
Juge de sa douleur, Cleone, & de la mienne,
Ma flame estoit déja presque égale à la sienne,
Et dans ce dur moment, je ne puis le celer,
Je voulus luy répondre, & ne sçeus luy parler;
Mais tous deux de concert dans ces vives allarmes,
Nous laissâmes parler nos soûpirs & nos larmes.
Je voyois à regret ce Prince mon Amant,
Luy-mesme à ma grandeur s'immoler tendrement;
Aléxandre vainqueur, quoy qu'il fist pour me plaire,
Ne m'en parût pas moins le vainqueur de mon Pere;
Ravisseur de nos biens, maistre de nos Etats,
J'admiré ce Héros, mais je ne l'aimay pas,

Il fallut obeïr cependant, & mon ame
Par un triste devoir sçeut combatre ma flame,
Et de Leonatus effaçant tous les traits,
Luy dire en soûpirant un adieu pour jamais.
Depuis, grace aux Dieux, mon cœur pour luy moins tendre,
A soûtenu le nom d'Epouse d'Aléxandre;
Une vertu severe, un austere devoir,
M'ont cent fois arrachée au plaisir de le voir;
Loin de luy je tâchois d'étouffer ma tendresse;
Je l'évitois helas! & le trouvois sans cesse.
Le Roy qui luy donnoit comme à son Favory,
Le rang d'Ephestion qu'il avoit tant chery,
Vit que Leonatus me faisoit de la peine,
Et me crut pour ce Prince une secrete haine,
Et souvent malgré luy l'amenant devant moy,
M'arrachoit des soûpirs qu'il voloit à ma foy,
Souvent il me prioit dans sa tendresse extréme
D'aimer Leonatus comme il l'aimoit luy-mesme;
Moy, qui dans cet instant eus voulu la haïr,
Cleone, je tremblois de luy trop obeïr;
Et ce Prince confus des bontez de son Maistre,
M'évitoit aussitost qu'il me voyoit paroistre.

CLEONE.

Mais, Madame, à présent qu'Aléxandre n'ést plus,
Vous pouvez sans scrupule aimer Leonatus;
Un Prince de son sang peut apres luy prétendre....

STATIRA.

Je puis, sans offencer les manes d'Aléxandre,
Ranimer aujourd'huy dans mon cœur abatu
Un amour immolé longtemps à ma vertu;
Mais Roxane a trouvé Leonatus aimable,
Et ma flame à ses yeux me va rendre coupable;
Cleone, elle peut tout, les Macédoniens
Prennent ses intérests, & négligent les miens;

Le seul Leonatus qui veut briser ma chaîne,
Redouble de Roxane & l'amour & la haine,
Et la force à la main, pour me tirer des fers,
Veut contre Perdiccas armer tout l'Univers.
Je tremble qu'il n'expose une si chere Teste
A cent périls afreux où sa valeur s'apreste,
Et que pour me vanger, ou pour me conquérir,
Ce Héros ne se mette en danger de périr.

CLEONE.

Madame, Cassander vient à nous.

STATIRA.

Ah! Cleone,
Que veut-il?

SCENE II.

CASSANDER, PEUCESTAS, STATIRA.

CASSANDER.

Je le voy, mon abord vous étonne,
Mais je viens vous aprendre un projet important.

STATIRA.

Quoy donc?

CASSANDER.

Leonatus, Madame, vous attend,
Un semblable intérest nous unit l'un & l'autre,
Il m'a dit son secret, & je connois le vostre,
Il vous faut aujourd'huy rendre la liberté,
Et vous faire sçavoir ce que j'ay concerté.

STATIRA.

Avec Leonatus qu'allez-vous entreprendre,
Seigneur?

CASSANDER.

Dans Babylone il doit bientost se rendre;
J'apuyray ses desseins, & malgré Perdiccas
Dont j'ay depuis longtemps gagné tous les Soldats,
Qui suivant autrefois Antipater mon Pere,
Tous dévoüez à moy, m'ont promis de tout faire.
Je feray relever la Garde, & dans ce temps
Arbate qui commande à tous les Habitans,
Doit à Leonatus faire ouvrir une Porte,
Vous conduire en secret, & vous servir d'Escorte;
Vostre Garde est à moy, mais il faut amuser
Roxane & Perdiccas, & contre eux tout oser.
Pour mieux les éblouïr, je connois l'art de feindre;
Je les flate tous deux, & je sçay me contraindre,
Mais ils pouront connoistre avant la fin du jour,
Madame, que je sers ma haine & vostre amour.

STATIRA.

Ne vous étonnez pas, Seigneur, de ma surprise,
Cassander est l'autheur d'une telle entreprise,
Un Amant de Roxane!

CASSANDER.

Un Amant outragé,
Oüy, Madame, un Amant qui veut estre vangé;
Ses mépris (devant vous j'avoûray ma foiblesse)
Loin d'éteindre mes feux, augmentent ma tendresse;
J'en soûpire de rage, & vois Leonatus
Me dérober un cœur l'objet de ses refus,
Et nous n'ignorons pas qu'en ce desordre extréme,
Il vous aime, il la hait, elle me hait, je l'aime;
Ainsi pour me vanger & pour mieux l'obtenir,
Avec Leonatus je sçauray vous unir;

Peut-estre que Roxane en perdant l'espérance,
Couronnera mes feux & ma perséverance,
Et pour vous engager par de si forts liens,
J'unis vos intérests, Madame, avec les miens.

STATIRA.

Je respire, Seigneur, & commence à comprendre
Qu'un Hõme tel que vous poura tout entreprendre;
Vous aimez, il suffit, & vous avez promis....
Mais, Seigneur, cõtre vous quel nombre d'Ennemis?
Leonatus peut-il seconder vostre attente?
Perdiccas est jaloux, & Roxane est Amante.
Que de périls, grands Dieux!

CASSANDER.

Quoy, Madame?

STATIRA.

Seigneur,
Ce grand projet me trouble & me glace le cœur.
Quand je trace à mes yeux une fidelle image
De mille affreux périls où ce pas vous engage,
Je soûpire, je tremble, & n'y puis consentir,
Je ne sçay quels malheurs mon cœur sçait pressentir.
Dieux! si Leonatus dans sa funeste envie
Payoit ma liberté de son sang, de sa vie,
Qu'il vint tõber sanglant à mes pieds.... J'en frémis,
Et ne veux point, Seigneur, estre libre à ce prix.

CASSANDER.

Madame, au nom des Dieux, soyez moins allarmée,
Vous verrez aujourd'huy le Camp de Ptolomée,
Laissez-moy tout conduire, allez en ce moment,
En attendant Arbate, en vostre Apartement;
Là, Madame, dans peu vous le verrez paroistre,
Un plus long entretien seroit suspect peut-estre;
Si Roxane en ces lieux me trouvoit avec vous,
Sa jalousie....

STATIRA.

Hé bien, évitons ſon courroux;
Mais ſongez bien, Seigneur, quoy que l'on entre-
A ſauver une vie où j'atache la mienne, (prenne,
C'eſt vous en dire trop. Adieu.

SCENE III.

CASSANDER, PEUCESTAS.

PEUCESTAS.

Leonatus
Allarme Statira, rend ſes deſirs confus;
Mais, Seigneur, vous devez bientoſt briſer ſa chaîne.

CASSANDER.

Mon intéreſt eſt joint à celuy de la Reyne;
Voy donc ma politique, & connois mes deſſeins,
Peuceſtas, je la ſers, cependant je la plains;
Une telle entrepriſe aux yeux de ſa Rivale
Peut enfin eſtre heureuſe, ou devenir fatale;
Mais qu'elle réüſſiſſe, ou non, je me promets,
D'en avoir pour mes feux l'infaillible ſuccés.
Leonatus qui craint les ennuis d'un long Siege,
Voulant les prévenir, court de luy-meſme au piege;
Il le veut, je le ſers. Si le ſuccés heureux
Luy donne ſa Princeſſe, il couronne mes feux;
S'il périt, mon Rival deviendra ma victime,
Et ſa propre valeur va m'épargner un crime;
Je hais Leonatus, il me fait de l'horreur,
Tu vois que de Roxane il m'enleve le cœur,

Et quoy qu'enfin le sien pour Statira soûpire,
De l'amour de Roxane il ne faut pas l'instruire,
Il l'ignore, & je veux qu'il l'ignore toûjours,
Ou qu'il n'en soit instruit qu'aux despés de ses jours;
Mais Roxane qui craint le pouvoir de mon Pere,
Qui sçait qu'Antipater peut servir ma colere,
Que son Armée avance, a connu que tantôt
Son esprit irrité m'avoit parlé trop haut.
Dieux! si son cœur pouvoit.... La voicy, la cruelle,
Cours prendre garde à tout, & me laisse avecque elle.

SCENE IV.

ROXANE, CASSANDER.

ROXANE.

Je vous cherchois, Seigneur, vous en estes surpris,
Mais nous devons quiter l'aigreur & le mépris,
Nos esprits inquiets en avoient l'un & l'autre,
Mon cœur en estoit plein aussi-bien que le vostre,
Dans un péril pressant nous devons les banir,
Et de grands intérests nous doivent réünir,
Je rends à vos vertus un tribut légitime,
Voyons, si vous voulez mériter mon estime.

CASSANDER.

Je feray tout, Madame, & pour la mériter,
Que faut-il....

ROXANE.

Un dessein qu'il faut exécuter.
Le fier Leonatus nous brave, nous menace,
Et déja Ptolomée assiege cette Place,

Il aproche, on l'a veu du haut de nos Rempars
Faire contre nos Murs marcher ses Etendars;
Nous pourions d'un seul coup prévenir la tempeste,
Il ne faudroit, Seigneur, abatre qu'une Teste,
Punir Leonatus de sa temérité....

CASSANDER.

Contre luy vostre cœur seroit-il irrité,
Madame, & pouriez-vous m'assurer d'une haine....

ROXANE.

De ma haine, Seigneur! Dieux! elle est trop certaine,
Roxane contre luy n'en a point à demy,
Je hay Leonatus en mortel Ennemy,
Luy qui prétend nous faire une sanglante guerre,
Qui contre nous soûleve & le Ciel & la Terre,
Leonatus, enfin, que je veux desormais....
Pourquoy me demander, Seigneur, si je le hais?

CASSANDER.

Hé bien? à vous servir ma main est toute preste;
Mais, Madame, osez vous me demander sa Teste?

ROXANE.

De qui?

CASSANDER.

D'un Ennemy qui vous est odieux,
Qui vient....

ROXANE.

Ce n'est pas là, Seigneur, ce que je veux;
Mais je veux l'attaquer par un autre Luy-mesme,
Et ne veux le punir que dans l'Objet qu'il aime;
Il nous faut éblouïr & tromper Perdiccas,
Immolons en secret les funestes appas
Pour qui Leonatus....

CASSANDER.

Je vous entens, Madame;
Vous voulez que je preste un crime à vostre flame?

Et que mon propre bras à mon amour fatal,
Perde vostre Rivale, & serve mon Rival;
Bien loin de le haïr, son amour vous outrage,
Et vous en soûpirez de douleur & de rage;
Faites mieux. Punissez qui vous ose outrager,
Et donnez à mon bras le soin de vous vanger;
Vous l'aimez, & l'Ingrat peut-il en aimer d'autres?
Peut-on estre touché d'autres yeux que des vostres?
Madame, si ce Prince adoroit vos attraits,
Tout mon Rival qu'il est, je luy pardonnerois;
Mais pour luy pardonner vous n'avez point d'excuse,
Je luy veux arracher ce cœur qu'il vous refuse,
Et pour voir aujourd'huy ses crimes expiez,
Vous l'aporter sanglant, & le mettre à vos pieds.

ROXANE.

Je ne veux point, Seigneur, de pareilles Victimes,
Un soûpir seul pouroit expier tous ses crimes,
Vous m'aimez, je vous plains, je ne puis rien de plus.
à part. Ah Dieux! que Cassander n'est-il Leonatus,
Ou que Leonatus changeant de cœur & d'ame,
N'a-t-il de Cassander les transports & la flame?

SCENE V.

HESIONE, ROXANE, CASSANDER.

HESIONE.

Madame, Statira n'est plus dans le Palais,
On vient de l'enlever par des ordres secrets,
Plusieurs Gardes gagnez ont fait cette surprise,
Mais on ne connoît point l'Autheur de l'entreprise.

ROXANE.

Il périra, le Traistre. Allons, sortons, Seigneur,
Empeschons....

CASSANDER.

Demeurez, j'en puniray l'Auteur;
Mais peut-estre qu'aussi par de fausses allarmes....

HESIONE.

Non, Seigneur, Perdiccas a déja pris les armes,
Et par un grand Combat pres de la Porte....

ROXANE.

Helas!
Seigneur, allez, courez soûtenir Perdiccas,
Prenez ma Garde encor, & joignez-y la vostre,
Partez....

CASSANDER.

Vostre intérest n'est que trop joint au nostre,
Reposez-vous sur moy, Madame, & demeurez,
J'y cours.

ROXANE.

Rendez le calme à mes sens égarez;
Sur tout, si vous m'aimez, Seigneur, quoyqu'il arrive,
S'il se peut, en ces lieux ramenez ma Captive.

SCENE VI.

ROXANE, HESIONE.

ROXANE.

LEonatus sans-doute a formé ce dessein,
Ce grand coup, Hesione, est party de sa main,
Ils s'aiment, avecque elle il est d'intelligence,
Et tantost sa fierté marquoit son assurance.
Ciel! avec quelle audace il nous a demandé
Ce que déja luy-mesme il s'estoit accordé?

Et ce Prince content & fier de sa tendresse,
Parloit en Amant seûr du cœur de sa Maistresse;
Mon amour en partant cent fois m'a sçeu tenter,
Contre le droit des Gens, de le faire arrester,
Mais il m'a prévenuë, & son ardeur fatale
Avec tout mon espoir m'enleve ma Rivale;
Cependant on combat, Hesione, & je crains
Peut-estre qu'avec luy Perdiccas est aux mains;
Peut-estre que.... Sortons, car je n'ose me dire....

HESIONE.

Madame, Perdiccas va de tout vous instruire,
Le voicy.

SCENE VII.

PERDICCAS, ROXANE, HESIONE.

PERDICCAS.

Sçavez vous que je viens d'arrester
Un cruel attentat prest à s'exécuter?
J'ay repris Statira, Madame.

ROXANE.

Quelle joye!
Quoy, vous avez repris une si belle proye?

PERDICCAS.

Ouy, Madame, & la Reyne estoit preste à sortir,
Lors qu'un Garde fidelle est venu m'avertir:
Aussitost j'ay couru, suivy de quelque Escorte,
Quand l'infidelle Arbate a fait ouvrir la Porte.
Là plusieurs Gens armez apuyant ses desseins,
Ont avancé vers nous, & sont venus aux mains;

Mon amour a rendu ma fureur occupée,
Arbate est le premier tombé sous mon Epée;
Mais certain Inconnu, qui le Casque abaissé,
A travers mille Dards vers moy s'est élancé,
Glaçant tous nos Soldats de ses cris redoutables,
S'est fait jour parmy nous par des coups effroyables;
La Porte se referme; alors de toutes parts
On tourne contre luy les Piques & les Dards;
Les siens envelopez de tous costez succombent,
Mais luy seul soûtient tout quand tous les autres tombent:
Aussitost j'ay couru reprendre Statira,
Qui toute en pleurs....

ROXANE.

Mais Dieux! l'Inconnu périra,
Seigneur?

PERDICCAS.

Non, non, Madame, & j'ay dit qu'on l'emmeine,
De cette trahison il recevra la peine;
J'en veux sçavoir l'Auteur, j'en veux estre éclaircy,
Sur tout j'ay commandé qu'on l'amenât icy,
Vous l'allez voir. A moins qu'un coup trop légitime
N'ait déja fait payer la peine de son crime,
Il estoit tout couvert de sang.

ROXANE.

Ciel! que d'effroy?
Je tremble, je frissonne, & je ne sçay pourquoy;
Mais, Hesione, helas! d'où vient que j'en soûpire?
Il est couvert de sang, & peut-estre il expire,
Il n'en faut plus douter; ah! regrets superflus!
Seigneur, vous avez fait périr Leonatus.

PERDICCAS.

Seroit-ce luy, Madame?

ROXANE.

Oüy, Seigneur, c'est luy-mesme;
Statira, son amour, cette valeur supréme,
Tout me dit que c'est luy qu'on a sçeu trop punir;
Enfin cet Inconnu tarde trop à venir;
Il faut, pour dissiper mes mortelles allarmes,
Chercher cet Ennemy qui me coûte des larmes.

PERDICCAS. *Elle sort.*

Ah! Dieux, d'un tel dessein je demeure surpris;
Seroit-ce mon Rival enfin qui seroit pris?
Suivons Roxane, allons penétrer ce mistere,
Et voir ce que le Sort ou l'Amour ont pû faire.

Fin du Second Acte.

ACTE III.

SCENE PREMIERE.

STATIRA, CLEONE.

STATIRA.

Cleone, en cet instant, quel espoir m'est permis?
Leonatus est seul contre mille Ennemis;
Pressé de tous costez, à mille traits en bute,
Quel secours, ou quel Dieu peut retarder sa chûte?
Cassander l'a trahy sans-doute, & Perdiccas
M'enferme en ce Palais, & vole à son trépas;
Son bras & sa valeur l'ont trop fait reconnoître,
On l'attaque, on le presse, il succombe peut-estre;
Quelle horreur se répand dans mes sens éperdus!
Mon Amant est Captif, ou peut-estre il n'est plus;
Son desespoir marquoit sa trop funeste envie,
Il ne combatoit plus pour défendre sa vie,
Et si-tost qu'il a veu Perdiccas m'enlever,
Il a voulu la perdre, & non pas la sauver.
Dieux! le nombre l'accable, & c'en est fait sans doute;
Voila ce qu'aujourd'huy sa tendresse luy coûte;

Cleone, chaque instant redouble mon effroy;
Les traits qui vont à luy semblent tomber sur moy;
C'est moy qui l'ay perdu, malheureuse Princesse,
Pourquoy Leonatus eut-il tant de tendresse?
Sans mes coupables yeux il n'eut rien entrepris;
Faut-il qu'il en reçoive un si funeste prix?
Que son ame ait esté pour moy trop enflâmée?
Il n'auroit point péry, s'il m'avoit moins aimée.

CLEONE.

Non, Madame, les Dieux prendrōt soin de ses jours;
J'ay veu de loin voler Roxane à son secours,
Son cœur (n'en doutez point) dās ce péril extréme,
L'entraîne & la cōduit pour sauver ce qu'elle aime;
Elle sçaura calmer la fureur des Soldats,
Et dérober sa vie au fer de Perdiccas;
Oüy, Madame, espérez....

STATIRA.

Espérance fatale!
Quoy, mon Amant dévroit la vie à ma Rivale?
Ciel, en me rassurant, tu redoubles ma peur,
Et pour me consoler, tu me perces le cœur.
Cruelle, voy mon ame également atteinte,
Frémir de l'espérance autant que de la crainte,
L'une & l'autre m'accable, & me fait soûpirer;
Helas! que dois-je craindre, ou que dois-je espérer?
Mais je voy Perdiccas, & je crains de l'entendre;
Il vient à nous.

SCENE II.

PERDICCAS, STATIRA, CLEONE.

STATIRA.

Seigneur, que venez-vous m'aprendre?
Avez-vous assouvy vostre injuste fureur?
Avez-vous immolé, grands Dieux! mon Défenseur,
Ce Héros qui pour moy....

PERDICCAS.

Vous le pleuriez, Madame,
Il est vivant. Je voy le plaisir de vostre ame,
Et que vous assurant de ses jours, je prévois
Que vous m'écouterez pour la premiere fois.
Oüy, dans l'heureux instant que je vous ay reprise,
Et qu'il alloit payer sa coupable entreprise,
Que tout couvert du sang de qui l'environnoit,
J'ay connu mon Rival aux grāds coups qu'il dōnoit.
Madame, je luy dois rendre ce témoignage,
Tout mon Rival qu'il est, j'admirois son courage,
Et prest à le combatre, helas! j'estois jaloux
Que tout autre que moy voulut mourir pour vous.
Mais Roxane en ces lieux par l'amour amenée,
A suivy le panchant dont elle est entraînée,
Et malgré mille traits s'estant mise entre nous,
A dérobé sa vie à mon juste couroux;
Cependant pour ses jours ne soyez plus en peine,
Ils sont en seûreté dans les mains de la Reyne.
Vous frémissez, Madame, & vostre joye enfin
Se dissipe & se change en un sombre chagrin.

STATIRA.

Dans les mains de Roxane il a voulu se rendre,
Luy, qui de mille Bras avoit pû se défendre;
Roxane seule, ah Dieux! l'a donc sçeu desarmer?

PERDICCAS.

Par son amour peut-estre il s'est laissé charmer,
Et voyant par mes soins son attente trompée,
Dans les mains de Roxane il a mis son Epée,
Qui brisée à demy, marque de sa valeur....

STATIRA.

Il s'en devoit plonger les restes dans le cœur,
Plutost que de la rendre à Roxane.

PERDICCAS.

Madame,
Ce Prince doit la vie à l'ardeur de sa flame,
Sans l'amour de Roxane il alloit succomber,
Et sous ce bras peut-estre on l'auroit veu tomber;
Mais il faut qu'il réponde à nostre juste envie,
Qu'il luy donne son cœur pour le prix de sa vie;
Ah Dieux! vous pâlissez, Madame, à ce discours.

STATIRA.

Est-ce à vous à régler sa fortune & ses jours?
Quoy, le sang d'Alexandre est-il donc vostre Esclave?
Vous nous parlez en Maistre, & vostre orgueil nous brave;
Et depuis quand, Seigneur, estes-vous nostre Roy?
Vous n'avez aucun droit ny sur luy, ny sur moy,
Sur ses jours cependant vous parlez d'entreprendre,
Vous osez retenir la Veuve d'Alexandre,
Pour me donner les fers de ceux qu'il a vaincus?
C'est assez que je sois Fille de Darius,
Et bien que je doive estre indépendante & Reyne,
Le sang de Darius estoit né pour la chaîne,
Je le vois.

PERDICCAS.

Non, Madame, il est né pour régner,
Le Trône de la Perse est-il à dédaigner,
Je vous l'offre.... Mais Dieux! je voy qu'on me mé-
Que de Leonatus vostre ame est trop éprise, (prise,
Il n'en faut plus douter, mon Rival est heureux,
J'ay gémy trop longtemps, & j'ay trop fait de vœux,
Je connois vostre amour par vostre jalousie,
Madame, cet amour luy peut coûter la vie,
Il est entre nos mains ce Rival fortuné,
Voyez à quels malheurs il sera destiné,
Il y va d'un Empire, il y va de vous-mesme,
Je suis le malheureux, on me méprise, on l'aime;
Mais si vous dédaignez mes soûpirs & ma foy,
Je puis ensevelir mon Rival avec moy.
Ah! je vois que pour luy vostre ame est allarmée,
Et la mienne est de rage & d'amour enflamée.
Roxane va venir; mais sans vous étonner,
Pour luy, suivez l'avis qu'elle doit vous donner,
Il faut que vostre cœur desormais l'abandonne,
Et sur tout que dans peu Roxane le couronne.
C'est vous en dire assez. Adieu, Madame.

SCENE III.

STATIRA, CLEONE.

STATIRA.

Helas!
Qu'entens-je? que dit-il? quel afreux embaras!
Pour ce Prince, Cleone, à peine je respire,
Que l'on m'aprend qu'il faut.... Ah! mon cœur en
soûpire,

Et Perdiccas (d'horreur je m'en sens frissonner)
Ne luy laisse le jour que pour m'abandonner.
Vois donc à quels malheurs le Destin me cõdamne,
Verray-je mon Amant couronné par Roxane?
Verray-je Perdiccas l'immoler... Que d'effroy!
Mais s'il vit pour Roxane, est-il pas mort pour moy?

CLEONE.

Ne craignez rien, Madame, il vous sera fidelle,
Ce Prince, qui pour vous....

STATIRA.

Helas! Roxane est belle,
Leonatus a veu pour luy ce qu'elle a fait.
Dieux! ne l'a-t-elle pas desarmé tout-à-fait?
Peut-estre qu'ébloüy de l'éclat de ses charmes,
Ce n'est qu'à sa beauté qu'il a rendu les armes;
Peut-estre que touché de son empressement,
Il oublie à ses pieds qu'il estoit mon Amant;
Elle est belle, elle l'aime; ah que de jalousie!
Des mains de Perdiccas elle a sauvé sa vie,
Il peut estre atendry d'un amour si pressant,
Cleone, si son cœur estoit reconnoissant?
Ciel! de quel souvenir mon ame est combatuë!
Ma Rivale le sauve, & c'est moy qui le tuë,
C'est moy qui l'ay conduit dans cet instant fatal,
Dans les bras d'une Amante, & dans ceux d'un Rival.
Mais Roxane paroît; que j'en suis allarmée!
Elle a l'air trop content pour n'estre pas aimée.

SCENE IV.

ROXANE, HESIONE, STATIRA, CLEONE.

ROXANE.

Vous me devez icy quelque remercîment,
Madame, j'ay sauvé le jour à vostre Amant;
Vous voyez de quel air pour vous je m'intéresse:
Mais, Madame, d'où vient cette sombre tristesse?
Estoit-ce pour vos yeux un spéctacle plus doux,
De voir Leonatus prest à mourir pour vous?
Il eut mieux par sa mort signalé sa tendresse,
Mais c'est pousser trop loin vostre délicatesse,
Je vous viens d'épargner de sensibles regrets,
Nous avons un Ostage assuré de la Paix;
Pour peu qu'à mes desseins sa prudence réponde,
Nous allons disposer de l'Empire du Monde.

STATIRA.

Madame, je prens part à ce rare bonheur,
Mais avez-vous déja disposé de son cœur?
Vous estes genéreuse, il est vray, je l'avouë,
Ce que vous avez fait mérite qu'on vous louë;
Il vous doit tout enfin... Mais, Madame, entre nous,
Vous l'avez cõservé moins pour moy que pour vous.

ROXANE.

J'ay fait ce que j'ay dû, mais à parler sans feindre,
Madame, pour ses jours un Rival est à craindre;
Un Rival méprisé, jaloux, & furieux,
Peut le faire expirer malgré nous à nos yeux.

Je l'ay veu, sa fureur m'a paru sans égale,
Et pour moy si j'aimois, que j'eusse une Rivale,
Mon plaisir le plus doux, je ne puis le celer,
Ce seroit à mes yeux de la faire immoler;
J'entre dans ses transports, & connois sa tendresse,
C'est pour Leonatus que ma crainte vous presse,
Perdiccas est puissant, Madame, & vos refus
Vont faire malgré nous périr Leonatus.
Je ne répons de rien dans sa fureur extréme.

STATIRA.

Moy, je répons de tout, puis que Roxane l'aime,
Il est entre vos mains, Madame, c'est assez,
Il est en seûreté plus que vous ne pensez.

ROXANE.

Non, ce n'est pas assez pour assurer sa vie,
Il faut qu'à Perdiccas Statira soit unie.

STATIRA.

Moy, Madame?

ROXANE.

Oüy, vous. C'est l'unique moyen
De retenir son bras aussi-bien que le mien;
Sans balancer, Madame, il faut qu'il vous épouse,
Perdiccas est jaloux, & Roxane est jalouse;
Mais ce n'est pas assez: je viens vous avertir
Qu'aux yeux de vostre Amant il y faut consentir.
J'attens Leonatus, & c'est en ma présence
Qu'il vous faut accepter une telle alliance,
Qu'il faut le recevoir avecque un air glacé,
Qu'avec luy le présent démente le passé;
De concert avec moy Perdiccas sçait l'instruire
Que vostre cœur consent à l'Hymen qu'il desire;
Il va venir sans doute, inquiet, allarmé,
Mais il faut que par vous cet Hymen confirmé....

STATIRA.

Quoy? je pourois pour luy....

ROXANE.

Du moins il faut le feindre;
Pour luy, pour vous, pour moy, vous avez tout à craindre;
Vous m'entendez, songez qu'en ce fatal moment
Vous allez décider du sort de vostre Amant;
Vous avez dans vos mains vostre vie & la sienne,
Celle de Perdiccas aussi-bien que la mienne,
Et si nous n'avons pas ce que nous chérissons,
Nous pourons perdre au moins ce que nous haïssons;
Songez par des froideurs à préparer son ame,
A changer comme vous & d'objet & de flame,
Ou tremblez....

STATIRA.

Hé, mon cœur pouroit-il obeïr?
Mes yeux & mes soûpirs, tout sçaura me trahir.
Dois-je faire à mes feux l'indigne violence?...

ROXANE.

Vos feux, de Perdiccas armeront la vangeance;
Mais croyez-moy, feignez, il y va de vos jours.

STATIRA.

Cruelle, faudra-t-il que je feigne toûjours?

ROXANE.

Peut-estre que sa mort sçaura moins vous cõtraindre,
Et Perdiccas....

STATIRA.

Hé bien? Il faut tâcher de feindre;
Dieux! il vient; ah sortons.

ROXANE.

Madame, demeurez;
Et songez bien sur tout à ce que vous direz.

SCENE V.

LEONATUS, ROXANE, STATIRA, HESIONE, CLEONE, GARDES.

LEONATUS.

JE ne suis point, Madame, accablé de ma chûte,
A de plus grands malheurs je vois mon ame en bute;
Je pers la liberté, c'est un leger revers;
Mais, Madame, on m'aprêd de plus, que je vous pers.
Vous me voyez surpris d'une étrange nouvelle,
Elle vient cependant d'une bouche fidelle,
Perdiccas me l'assure, & c'est luy dont je tiens
Que l'Hymen doit unir vos feux avec les siens;
J'auray peine à le croire, à moins que vostre bouche
Ne confirme elle-mesme un Arrest qui me touche;
Parlez, qu'en dites-vous?... Vous ne répondez pas,
Madame.... Juste Ciel! croiray-je Perdiccas?

STATIRA.

Sans trop vous expliquer icy ce que je pense,
Vous devriez, Seigneur, entendre mon silence.

LEONATUS.

Je ne l'entens que trop ce silence odieux,
Mon Rival a charmé vostre cœur & vos yeux.
Ah! tantost j'en frémis; avec quelle tendresse
A-t-il volé luy-mesme auprés de sa Maistresse?
De quel feu son visage estoit-il enflamé!
Il combatoit trop bien, pour n'estre pas aimé.
Quoy, Madame, ses soins pendant ma lõgue absence
Ont-ils.... Garderez-vous ce funeste silence,
Madame?

STATIRA.

Helas!

ROXANE.

Seigneur, elle a d'autres desseins,
Il faut qu'elle aime ailleurs; vous l'aimez, je vous (plains.

LEONATUS.

Je vous entens, Madame, & la Reyne infidelle
Me sacrifie apres ce que j'ay fait pour elle.
Quand on se taist, helas! c'est parler à demy;
Dieux! elle me préfere un mortel Ennemy,
A son cœur Perdiccas malgré moy peut prétendre;
Moy qui n'eus autrefois pour Rival qu'Aléxandre;
A moy-mesme pour vous je l'avois preferé,
Cependant vostre cœur en avoit soûpiré,
Et ces tendres soûpirs, où mon espoir se fonde,
Me rendoient plus heureux que le Maître du Monde.
Il m'en souvient helas! mais vous en soûpirez,
Que vois-je, justes Dieux! Madame, vous pleurez,
Pourquoy me cachez-vous ces larmes que j'adore?
Mais quel est ce mistere, & faut-il que j'ignore....
Un secret,...

STATIRA.

Non, Seigneur, ne vous y trompez pas,
Au nom des Dieux, croyez que j'aime Perdiccas.

LEONATUS.

Ah! c'en est trop, cruelle, & cet aveu funeste
Arrache de mon cœur tout l'amour qui luy reste;
à Roxane.
Et, Madame, tantost pourquoy vostre secours
Vous fist-il épargner de si malheureux jours?
On ne m'a conservé, (quelle pitié cruelle!)
Que pour voir aujourd'huy ma Princesse infidelle,
Et l'on prétend encor par un Hymen fatal
M'atacher en triomphe au Char de mon Rival;

Au lieu de m'acabler d'une importune vie,
Rendez-moy cette mort que vous m'avez ravie.

ROXANE.

Le jour que de ma main vous devez accepter,
Ne vous fust pas rendu, Seigneur, pour vous l'oster.

STATIRA.

Non, sans-doute la vie a pour vous trop de charmes,
Vous la devez à qui vous rendîtes les armes.

LEONATUS.

Madame, mon amour desespéré, jaloux,
Ne m'a rendu Captif que pour l'estre avec vous;
J'avois fait mes efforts pour briser vostre chaîne,
Je n'ay pû; J'avois crû qu'une mort plus certaine
M'afranchiroit du moins des maux que j'ay soufers;
Mais n'ayant pû mourir, j'ay partagé vos fers,
Et trouvois pres de vous, perdant toute espérance,
L'esclavage, ou la mort, moins cruels que l'absence.
Mais je vous parle en vain, & j'ay beau protester,
Ciel! vous ne voulez pas seulement m'écouter,
Cependant vous pleurez, oüy, Madame, & je doute....

STATIRA.

Croyez tout, & tremblez que je ne vous écoute.

LEONATUS.

Hé bien, je croiray tout, puis que vous le voulez;
Aux feux de Perdiccas les miens sont immolez,
Vous haïssez la Reyne. Ah! si j'osois, Madame,
Vous donner à ses yeux & mon cœur & mon ame;
Si ce cœur méprisé ne l'estoit pas de vous....

STATIRA.

Que faites-vous, Seigneur, dans ce transport jaloux?
Et n'entendez-vous pas un langage si tendre?
Mais que dis-je, grands Dieux! je me fais trop en-
Dûssay-je cependant irriter son esprit, (tendre: *apart.*
Seigneur, ne croyez rien de tout ce que j'ay dit.

Elle sort.

SCENE VI.

LEONATUS, ROXANE.

LEONATUS.

Dieux! que veut-elle dire? & quelle est sa cõtrainte?
Est-ce une verité, Madame, est-ce une feinte?
Elle dit devant vous qu'elle aime Perdiccas,
Mais ses pleurs, ses soûpirs, ne me le disent pas;
De grace, expliquez-moy cet étrange mistere.

ROXANE.

Elle n'a que trop dit ce qu'elle devoit taire,
Et lors que vostre cœur a trop sçeu l'écouter,
Ses pleurs & ses soûpirs pourront vous en coûter.
Mais, Seigneur, il est temps que Roxane s'explique,
La fiere Statira détruit ma politique;
Si ma haine contre elle a pû vous étonner,
J'aime, j'adore..., un Fils que je veux couronner:
Elle prétend, Seigneur, régner dans Babylone,
Elle est contre mon Fils, ma Rivale a ce Trône,
Nos desseins sont pareils, nos interests égaux,
Mais le Trône, Seigneur, ne veut point de Rivaux,
Je ne la puis soufrir, je la hais, & je tremble....

LEONATUS.

Ah! Madame, je vais vous réünir ensemble,
J'y feray consentir tous nos Chefs avec nous,
Rendez-moy Satira, Babylone est à vous.

ROXANE.

Vous la rendre, Seigneur? Avant que m'y résoudre,
On verra ce Palais & Babylone en poudre;

Trahirois-je un Amy qui me preste son bras?
Ce seroit me trahir, que trahir Perdiccas;
Il aime Statira quand Roxane l'abhorre;
Elle ne vit qu'autant que Perdiccas l'adore,
Il prend mes intérests, je dois prendre les siens,
Et sans-doute ils me sont aussi chers que les miens.

LEONATUS.

Madame, j'avois crû que cédant Babylone,
Vous borniez vos desirs à l'espoir de ce Trône;
Mais quoy? de Perdiccas les intérests trahis
Vous seront-ils plus chers que ceux de vostre Fils?

ROXANE.

Seigneur, à ce discours faut-il que je réponde?
Un cœur m'estoit plus cher que l'Empire du Monde;
Vous m'entẽdez... mais non, vous ne m'entẽdez pas;
Vos yeux cherchent l'objet des feux de Perdiccas;
Egarez & distraits, il vous souvient à peine
Que je suis devant vous, que je suis vostre Reyne;
Il est vray, j'oubliois & ma gloire & mon Fils,
Pour le seul Perdiccas mon cœur les a trahis;
Mais soûtenons le nom de Veuve d'Aléxandre,
A ce grand souvenir Roxane doit se rendre,
Et pour placer son Fils au Trône de Cyrus,
Achevons d'immoler le sang de Darius.

LEONATUS.

Eh! contre Statira quelle fureur extréme?
Vous ne la haïssez que parce que je l'aime;
Faisant tomber sur elle un injuste couroux,
C'est moins elle que moy qu'on veut percer de coups;
Vostre haine pour moy fust toûjours sans égale....

ROXANE.

Oüy, je te hais, Ingrat, autant que ma Rivale:
Mais que dis-je, grands Dieux! en ce fatal moment?
Quand on hait la Rivale, est-ce haïr l'Amant?

Mais, enfin, devant toy Roxane s'est trahie,
Perdiccas est hay, j'aime, & je suis haïe;
Je vais voir ton Rival ; avant la fin du jour,
Si nous n'espérons plus du costé de l'Amour,
Ayant entre nos mains la vangeance certaine,
Du moins nous joüirons des fureurs de la haine.
Gardes, qu'on le remeine à son Apartement.

LEONATUS.

De grace, helas! Madame, arrestez un moment;
Elle fuit. Je vois trop sa fatale tendresse...
Ciel! pers-moy si tu veux, mais sauve ma Princesse.

Fin du Troisiéme Acte.

ACTE IV.

SCENE PREMIERE.

PERDICCAS, PEUCESTAS.

PEUCESTAS.

OUy, Seigneur, Cassander m'envoye aupres de vous,
Pour apaiser Roxane, & fléchir son couroux;
On sçait qu'Antipater vient avecque une Armée,
Et qu'ils pouroient tous deux se joindre à Ptolomée;
Mais il aime Roxane, & son cœur incertain
Ne peut contre elle encor former aucun dessein;
Cependant Seleucus, Eumenes, & mille autres,
Prenant ses intérests, peuvent quiter les vostres.

PERDICCAS.

Je le sçais, Peucestas, & le Ciel en couroux
Dans le mesme malheur nous envelope tous;
Aléxandre luy-mesme avoit sçeu le prédire,
Et s'il n'a pas reglé le destin de l'Empire,
Ou s'il n'a pas osé nommer un Successeur,
C'est qu'il n'en pût trouver digne de cet honneur.

Il l'avoit bien préveu, par des crimes celebres
On luy va préparer d'étranges jeux funebres,
Quand tous nos Chefs rangez, de diférens Partis,
Du monde chancelant vont hâter le débris;
Nous y travaillons tous, en vain tu t'en étonnes,
Le Ciel ordonne ainsi du destin des Couronnes.

PEUCESTAS.

Les Barbares, Seigneur, pouroient bien profiter
Des troubles dangereux qui vont vous agiter,
Ils pouroient assembler des Troupes effroyables,
Telles que Darius....

PERDICCAS.

Ces Troupes innombrables,
Qui tant & tant de fois porterent nos liens,
N'ont jamais étonné les Macédoniens;
Les Barbares, croy-moy, ne peuvent plus nous nuire;
Nous seuls pouvons nous vaincre, & pouvons nous détruire;
Mais j'abandonne icy le soin de ma grandeur,
Statira, je l'avouë, occupe tout mon cœur,
C'est le seul interest où Perdicas s'aplique,
Un Amant en fureur est mauvais Politique,
Et négligeant la guerre en ce funeste jour,
Je ne suis occupé que des soins de l'amour.
Mon Rival est aimé, ma fatale victoire
Ne tourne qu'à ma honte, & ne sert qu'à sa gloire;
Roxane apuye en vain mes projets & les siens,
Mais il va décider de ses jours & des miens;
Roxane pour servir sa flame & ma tendresse,
Voudroit sans balancer m'unir à la Princesse,
Et je voudrois aussi par un hymen fatal
Unir en ce moment Roxane à mon Rival.
Ah! sans plus nous gesner d'une indigne contrainte,
Au defaut de l'amour, servons-nous de la crainte,

Ils voudront se sauver l'un & l'autre à leur tour,
Et leur amour tremblant peut servir nostre amour,
Statira doit venir. J'ay sçeu luy faire entendre
Que dans peu son Amant en ce lieu se doit rendre,
Je consens qu'il la voye, & vais l'y préparer,
Mais ils ne se verront que pour se séparer.
Je la vois, elle vient dans une douce attente.

SCENE II.

STATIRA, CLEONE, PERDICCAS.

STATIRA.

Ah! Seigneur, se peut-il que Roxane consente
A souffrir que je voye un Prince malheureux?

PERDICCAS.

Oüy, Madame, il est vray, vous vous verrez tous deux,
Cette entreveuë à vous, à nous, est nécessaire,
Il vous en faut icy découvrir le mistere;
Roxane vous permet un si doux entretien,
Mais c'est pour ménager vostre sort & le sien;
Vos feux ont rallumé tous les feux de la guerre,
Madame, nous estions les maîtres de la Terre;
Vous voyez cependant pour vous ce que je pers,
Vostre amour aujourd'huy me coûte l'Univers;
Vous nous faites verser & du sang & des larmes,
Nous sommes incertains du succés de nos armes,
Le temps presse, & du moins par un dernier effort
Il faut Roxane & moy terminer nostre sort,
Roxane est irritée, elle est vostre ennemie,
Vous aimez mon Rival, & ma flame est trahie;

Avant que Ptolomée ait pû le secourir,
Il faut le couronner, ou le faire périr,
Son salut ou sa mort dépend de sa réponse;
Madame, en vous voyant, faites qu'il y renonce,
Roxane méprisée en cet instant fatal
Est plus à craindre encor que le bras d'un Rival,
Il faut sans balancer les unir l'un & l'autre,
Ou que je perce un cœur qui m'arrache le vostre.

STATIRA.

Ah! Seigneur, arrestez, dûssay-je me trahir,
A Roxane irritée il nous faut obeïr;
Quand je devrois sur moy faire tomber la foudre,
Qu'on le fasse venir, & je vais l'y résoudre;
Oüy, pour tourner son cœur à ce funeste choix,
Laissez-moy luy parler pour la derniere fois.

PERDICCAS.

Hé bien? vous le verrez, mais songez l'un & l'autre
A regler nostre sort aussi-bien que le vostre;
Vous pleurez mon Rival, ah! que j'en suis jaloux!
Helas! qu'a-t-il à craindre? il est aimé de vous,
Et quoy que ma fureur de la mort le menace,
Madame, en ce moment que ne suis-je en sa place?
Que n'ay-je ses périls & son sort aujourd'huy?
Hay de vous, je suis plus à plaindre que luy,
Vous l'allez voir, Madame.

SCENE III.

STATIRA, CLEONE.

STATIRA.

Ah! funeste entreveuë!
Je le verray, Cleone, & ce penser me tuë.
Quoy donc? ma propre bouche en ce triste moment
Va prononcer ma mort pour sauver mon Amant,
Ma flame va parler pour éteindre la sienne,
Et ma bouche.... il en faut une autre que la mienne,
Et je vais le prier aux despens de ses jours
De haïr ma Rivale, & de m'aimer toûjours.
Mais Dieux! s'il ne l'épouse, il va cesser de vivre;
Helas! s'il estoit mort, je n'aurois qu'à le suivre;
Tantost malgré Roxane & mes sens éperdus,
Il a veu mes soûpirs qu'il a trop entendus,
Il connoît que je l'aime, & malgré ma contrainte
Il a trop penetré l'artifice & la feinte,
Mais je vais maintenant luy parler sans témoins;
Quand il verra mes pleurs, m'en aimera-t-il moins?
Je connois trop son cœur, & le mien en frissonne,
Il me sera fidelle, & périra, Cleone;
Je me flate peut-estre, il ne périra pas,
Roxane l'a sauvé, Roxane a des apas,
Et quand je luy diray de n'estre plus fidelle,
S'il m'alloit obeïr & soûpirer pour elle?
Ciel! que vay-je luy dire? ah Dieux! il doit venir,
Quel funeste sujet de nous entretenir?
On vient, Cleone, on ouvre, on entre, & c'est luy-mesme.

SCENE IV.

LEONATUS, STATIRA, CLEONE,

LEONATUS.

Madame, quel plaisir de voir ce que l'on aime!
Je n'osois l'esperer, mais puis qu'il m'est permis,
Je veux pardonner tout à nos fiers Ennemis;
Dans un moment si doux partagez-vous ma joye,
Roxane & Perdiccas souffrent que je vous voye,
Quel Dieu les a fléchis? ma Princesse & vos pleurs
Auroient-ils attendry ces barbares Vainqueurs?
Nous pouvons à présent nous parler sans contrainte,
Et que n'ay-je tantost démeslé vostre crainte?
Vous m'auriez épargné de mortels déplaisirs,
Si j'avois reconnu vos pleurs & vos soûpirs;
Roxane estoit présente, & redoutant sa rage,
Il falloit me tenir ce funeste langage;
Pouvons-nous pas loin d'elle oublier nos douleurs?
Mais, Madame, je vois vos yeux baignez de pleurs,
On diroit à vous voir que mon abord vous gêne,
Il semble que ma joye augmente vostre peine,
Parlez.

STATIRA.

Il faut, Seigneur....

LEONATUS.

Quoy?

STATIRA.

Cruel souvenir:

Il faut....

LEONATUS.

Que faut-il donc?

STATIRA.

Me quitter, ou périr.

LEONATUS.

Qui moy, Madame, on veut que je vous abandonne?

STATIRA.

Perdiccas vous menace, & Roxane l'ordonne,
Tout le veut, elle est belle, & peut-estre, Seigneur,
Vous le voudrez bientost aux despens de mon cœur.

LEONATUS.

Quel étrange discours! & depuis quand, Madame,
Voulez-vous de Roxane autoriser la flame?
Pouriez-vous luy ceder mes soûpirs & ma foy?
Quoy? parlez-vous pour elle, ou parlez-vous à moy?
Roxane veut en vain que je vous abandonne,
Mais Perdiccas le veut, & c'est luy qui l'ordonne,
Il vous aime, Madame, & peut-estre aujourd'huy
Vostre cœur agit moins pour elle que pour luy.

STATIRA.

Et depuis quand, Seigneur, en voyant mes allarmes,
Expliquez-vous si mal le langage des larmes?
Ne l'entendez-vous plus, & mes soûpirs, helas!
Ingrat, vous disent-ils que j'aime Perdiccas?

LEONATUS.

Eh! pardonnez, Madame, un peu de jalousie,
Oubliez Perdiccas autant que je l'oublie;
Nos cruels Ennemis en de si chers momens
Doivent-ils partager nos tendres sentimens?
Je vous vois, il suffit, & mon ame contente
Dédaigne de songer que Roxane est Amante.

STATIRA.

Ah! quād de Perdiccas mon cœur craint le couroux,
Je pense moins à luy que je ne pense à vous,

Aprenez les horreurs de l'effroy qui me tuë,
Sçavez-vous les raisons d'une telle entreveuë?
Nous nous voyõs, Seigneur, on nous le souffre, mais
C'est pour mieux nous résoudre à ne nous voir jamais.
Dans une heure, Seigneur, Perdiccas vous cõdamne
A choisir ou la mort, ou l'hymen de Roxane;
Malgré moy, faites-vous un genéreux effort,
Et choisissez plutost Roxane que la mort.

LEONATUS.

Moy, Madame?

STATIRA.

Oüy, vous. Songez à vostre vie,
Roxane vous rendra le maistre de l'Asie,
Oubliez-moy, Seigneur, laissez-moy dans les fers,
Un Héros tel que vous se doit à l'Univers,
Et si vous périssiez par une mort si prompte,
L'Univers, de vos jours me demanderoit conte.

LEONATUS.

Ciel! que m'osez-vous dire? Helas! si je vous pers,
Madame, & que m'importe à moy de l'Univers?
Dois-je vivre un moment, si vous m'estes ravie?
Je cede à Perdiccas & la Perse & l'Asie;
Le Trône est-il l'objet de mes vœux les plus doux,
Et soûpiray-je, enfin, pour l'Empire, ou pour vous?
Helas! sans vous, mon cœur dans une paix profonde
Verroit tranquilement la conqueste du monde,
Je l'abandonne à qui peut en estre vainqueur,
Mais je disputeray celle de vostre cœur.

STATIRA.

Et songez-vous, Seigneur, que la triste conqueste
D'un cœur comme le mien vous peut coûter la teste?
Ne vous souvient-il plus de ce jour douloureux
Où les feux d'Aléxandre éteignirent nos feux,

Quand vous-mesme chargé de son funeste homage,
Vous parûtes, la mort peinte sur le visage,
Et fistes pour ma gloire un genéreux effort?
Mais helas! aujourd'huy que je crains vostre mort,
Que je crains Perdiccas & Roxane en furie,
J'en veux faire un pareil pour sauver vostre vie;
L'amour fait vostre crime, on presse, on vous attend,
Si vous ne m'aimez plus, vous serez innocent,
C'est ce cruel amour, Seigneur, qui vous accable,
Etoufez-le.... Mais non, soyez toûjours coupable;
Que dis-je? ce n'est plus Roxane & Perdiccas,
C'est moy, c'est Statira qui vous mene au trépas;
Vous verrois-je périr? non, soyez infidelle,
Allez, sortez plutost, & soûpirez pour elle,
Je ne puis demeurer apres un tel effort,
Chaque instant pres de vous va haster vostre mort,
Et mon perfide cœur qui se plaint, qui soûpire,
Si je vous vois encor, sçaura trop m'en dédire.

LEONATUS.

Quoy? vous m'abandonnez en cette extrémité,
Et de grace, Madame, un peu de fermeté?
Je méprise Roxane, & ma tendresse extréme
Fait que je hais Roxane autant que je vous aime,
Je déteste Roxane, & je veux....

SCENE V.

ROXANE, LEONATUS, STATIRA, CLEONE, PEUCESTAS, GARDES.

ROXANE.

Achevez,
Et voyez de plus prés l'Objet que vous bravez;
J'ay trop bien entendu ce qui peut vous confondre,
Ingrat, dans un moment je vais vous y répondre;
Qu'on redouble ma Garde, & sur tout, Peucestas,
Qu'on ferme de ces lieux l'entrée à Perdiccas.

LEONATUS.

Madame, quel dessein?...

ROXANE.

Ma vangeance & ma honte;
De mes justes desseins pouront vous rendre conte.
Grace aux Dieux! je suis libre, & vais tranquilement
Immoler ma Rivale aux yeux de son Amant.
Je méprise Roxane, & ma tendresse extréme
Fait que je hais Roxane autant que je vous aime;
Ce discours vous charmoit, Madame, & ses soûpirs
Aux despens de Roxane ont flaté vos desirs;
Loin de moy, devant vous, c'est donc moy qu'on déteste?
Mais vous m'allez payer un plaisir si funeste.

LEONATUS.

Madame, au nom des Dieux, écoutez....

STATIRA.

Non, Seigneur,
Laissez, laissez agir librement sa fureur;

Depuis un si longtemps, de mon sang alterée,
A toutes ses fureurs mon ame est préparée.
à Roxane. Fille de Cohortan, acheve tes desseins,
Dans le sang de tes Roys oses tremper tes mains,
Frape.

ROXANE.

Dans un moment vous serez obeïe,
Aprochez-vous. *Elle parle bas à un Garde.*

LEONATUS.

Ah Ciel! que je crains pour sa vie!
Calmez vostre couroux, Madame, au nom des Dieux;
Qu'ordõnez-vous helas! quel trouble dans vos yeux!
Madame, c'est sur moy, sur ma coupable teste,
Que doit icy tomber l'éclat de la tempeste,
Mon amour fait son crime, il le faut expier,
Et mon sang répandu peut la justifier.

ROXANE.

Oüy, Barbare, il est vray, ton amour fait ton crime;
Cependant ma Rivale en sera la Victime,
On me déteste, on l'aime, & l'on m'ose outrager,
Mais enfin, grace au Ciel, j'ay sur qui m'en vanger!
Pour goûter la douceur à ma vangeance offerte,
Préparons à tes yeux l'apareil de sa perte;
Pour t'en faire sentir l'amertume à longs traits,
Ma fureur, à pas lents, va servir mes souhaits.
Ne croy pas cependant au transport qui m'entraîne,
Que l'amour.... Non, Ingrat, je n'ay que de la haine;
Il faut la satisfaire, & Roxane le peut,
Politique, raison, seûreté, tout le veut;
Oüy, perdons Statira..... mais malgré mon envie,
Leonatus, un mot luy peut sauver la vie.

STATIRA.

Vostre refus dût-il me coûter le trépas,
Ce mot qui m'est si cher, ne le prononcez pas;

LEONATUS.

à St. Je crains vostre tendresse autãt que sa vangeance,
à R. Ce n'est point Statira, c'est moy qui vous offence;
Ah! Madame, arrestez, & détournez sur moy
Ces regards menaçans qui me glaçent d'effroy;
Le Ciel nous est témoin que tantost elle-mesme,
En renonçant pour vous à ma tendresse extréme,
Elle a voulu.... mais quoy, mon amour m'a trahy.

ROXANE.

Et pourquoy vostre cœur n'a-t-il pas obey?
Je ne dis plus qu'un mot, & veux estre obeïe;
Tu sçais bien qu'un coup d'œil luy peut coûter la vie,
Veux-tu la voir périr, veux-tu la conserver?

LEONATUS.

Que ne feray-je point helas! pour la sauver?

ROXANE *à un Garde.*

Qu'on cherche Perdiccas, il faut que toute à l'heure
Ton Rival, à tes yeux, l'épouse, ou qu'elle meure.

STATIRA.

Epouser Perdiccas!

LEONATUS.

Pour calmer son couroux,
Oubliez-moy, Madame, & ne songez qu'à vous,
Donnez à Perdiccas....

STATIRA.

Vostre amour m'y condamne,
Et vous ne voulez pas vous donner à Roxane?

ROXANE.

Ils sont également ardens à m'offencer,
Ah perdons-les tous deux, mais par qui commencer?
Oüy, je váis....

LEONATUS.

Ah! Madame, il faut prendre ma vie,
Avant que de remplir cette funeste envie;

Tout desarmé sans-doute, & tout seul que je suis,
Mon desespoir poura bien plus que je ne puis.

SCENE VI.

PERDICCAS, GARDES, ROXANE, LEONATUS, STATIRA.

LEONATVS.

VEnez, venez, Seigneur, secourir la Princesse.

PERDICCAS *à Roxane.*

Madame, vous sçavez jusqu'où va ma tendresse,
Retenez,...

ROXANE.

Perdiccas, ton cœur va te trahir,
Je ne sçais plus aimer, je ne sçais que haïr;
Pour éteindre une ardeur à nos desseins fatale,
Je te rends ton Rival, donne-moy ma Rivale.

PERDICCAS.

Si vostre cœur, Madame, en ce funeste jour
A de la haine, helas! le mien a de l'amour,
Jusqu'au dernier soûpir je défendray sa vie.

LEONATUS.

Vous estes généreux, & je vous la confie,
C'est assez qu'un Rival luy donne du secours.

PERDICCAS.

Tout hay que je suis, j'auray soin de ses jours;
Mais quand vous serez libre, en lieu pour vous dé-
J'iray la disputer en Rival d'Aléxandre. (fendre,
à Statira. Allons, Madame. *Il sort.*

STATIRA.

Helas!

LEONATUS.

Je ne crains plus sa mort,
Vous pouvez maintenant ordonner de mon sort,
Je l'attendray, Madame. *Il rentre.*

SCENE VII.

ROXANE *seule.*

AH! quelle vive atteinte!
Je puis à ton amour redonner de la crainte,
J'ay perdu le moment si propre à me vanger,
Rapellons Cassander. L'espoir peut l'engager;
Qu'importe? son amour poura servir ma haine;
Hastons-nous, attaquons Perdiccas & la Reyne,
A qui n'a point d'espoir, tout le reste est permis;
Périssons, mais du moins perdons nos Ennemis.

Fin du Quatriéme Acte.

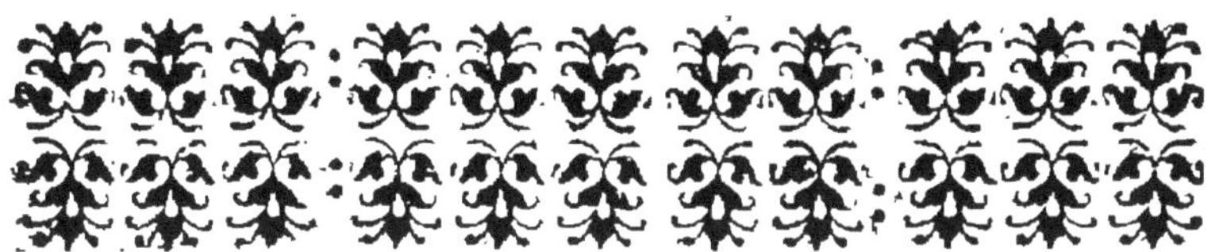

ACTE V.

SCENE PREMIERE.

ROXANE, HESIONE.

ROXANE.

E triomphe, Hesione, & n'ay plus de tendresse,
De ce Palais, enfin, Roxane est la maîtresse,
Je dois ce grand effort aux soins de Peucestas,
Et Statira n'est plus aux mains de Perdiccas;
Graces à Cassander, elle est en ma puissance,
Et j'ay dans son amour une seûre défense;
Mais il faut prendre un temps si propre à nous vãger,
Il faut punir l'Ingrat qui nous ose outrager.
J'ay connu, j'ay trop veu sa tendresse fatale;
Occupé tout entier des feux de ma Rivale,
Je luy faisois en pleurs l'offre de mon apuy,
A peine a-t-il songé que je parlois à luy;
Mon trouble, en vain mes yeux luy marquoient ma tendresse,
Pour réponse, il m'a dit d'épargner sa Princesse;

J'avois beau par mes feux animer mon discours,
L'Ingrat, par ses soûpirs, m'interrompoit toûjours.
Mais quoy? sur Statira je vais me satisfaire,
Je le puis, je le dois, je sçay ce qu'il faut faire,
Je dois ce sacrifice aux soins de ma grandeur,
L'amour n'a plus de part aux trâsports de mon cœur;
La jalousie enfin n'est plus ce qui m'anime,
A mon ambition je dois cette victime,
Et lors que je l'immole en ce funeste jour,
C'est au Trône, à mon Fils, & non pas à l'Amour.

HESIONE.

Que vous connoissez peu l'ardeur qui vous entraîne!
Vous croyez vous livrer tout entiere à la haine;
Ah! que vous vous trompez, Madame, à vostre tour!
Quand on a tant de haine, on n'est pas sans amour.

ROXANE.

Moy? j'aurois de l'amour, & tu pourois le croire?
Mon cœur pouroit trahir Aléxandre & ma gloire!
Pardonne, grand Héros, si pour Leonatus
J'ay soûpiré; J'ay crû qu'il avoit tes vertus;
J'ay crû que quelque jour pour Roxane sensible,
Son cœur comme le tien n'estoit pas invincible;
Mais Dieux! il porte ailleurs ses soûpirs & sa foy,
Et ne sent pas l'ardeur que tu sentis pour moy.
Ah! pour vanger ma gloire il faut tout entreprendre;
Il faut que tout regrete & tout pleure Aléxandre,
Je l'ay trahy. Je veux reparer mon forfait,
Et dans ce jour fatal faire plus qu'il n'a fait.
Quoy? l'on veut partager ses Veuves, son Empire?
Il vainquit l'Univers, & je veux le détruire?
Avec plaisir j'ay veu brûler Persopolis,
Donnons le mesme sort à l'orgueil de Memphis;
Remplissons tout d'horreur, & que toute l'Asie
Aprenne en frémissant que Roxane est trahie.

SCENE II.

STATIRA, ROXANE, CLEONE, HESIONE.

STATIRA.

Madame, Perdiccas par de puissans efforts,
Déja de ce Palais a gagné les Dehors.
Sauvez Leonatus, & contre sa furie
Allez défendre encore une si chere vie,
On me croit immolée, & le fier Perdiccas
Sur ce que vous aimez vangera mon trépas;
Envoyez du secours, enfin le péril presse,
Malgré vostre fureur je voy vostre tendresse;
Conservez ce Héros qui vous a sceu charmer,
S'il ne vous aime pas, il poura vous aimer.
Madame, allez ... mais quoy? vous estes infléxible,
Helas! à ses périls estes-vous insensible?
Vous détournez les yeux, & ne répondez rien.

ROXANE.

C'est vostre Amant, Madame, & ce n'est pas le mien,
Qu'il périsse

STATIRA.

Quoy donc? vous souffrez qu'il périsse?

ROXANE.

A Roxane irritée il faut ce sacrifice;
Quand j'ay sauvé l'Ingrat, il fait un autre choix,
J'en ferois un Ingrat une seconde fois.

STATIRA.

Madame, je répons de sa reconnoissance,

ROXANE.

Et qui me répondra de son obeïssance?

STATIRA.

Pouriez-vous vous résoudre à ne le voir jamais?
Où poura-t-il tenir contre tant de bienfaits?
Madame, le temps presse, & Perdiccas peut-estre,
De luy, de ce Palais, va se rendre le maistre:
Helas! qu'est devenuë une si belle ardeur?
Pour le prix de ses jours j'abandonne son cœur.
Madame, allez....

ROXANE.

En vain le vostre l'abandonne,
Vous ne pouvez donner ce cœur, s'il ne se donne;
Et si j'en crois encor un mouvement jaloux,
Pouroit-il estre à moy, quand il est tout à vous?

SCENE III.

CASSANDER, ROXANE, STATIRA, CLEONE, HESIONE.

CASSANDER.

Madame, il faut quitter les Murs de Babylone,
Et sortir d'un Palais que le Peuple environne;
Perdiccas irrité, l'anime contre vous.
Mais j'ay tous mes Amis prests à périr pour vous;
Antipater aproche, allons joindre une Armée
Qui sera par vos yeux & mes feux animée,
Et là pour soûtenir l'honneur de vos appas,
Je puis avec mon cœur offrir cent mille bras;
Au moindre ordre de vous, le panchãt qui m'entraîne,
M'a fait courir, voler, pour servir vostre haine.

Ne pourez-vous jamais par un heureux retour,
Oubliant vostre haine, écouter mon amour?

ROXANE.

Seigneur, je dois beaucoup à ce zele sincere
Qui m'offre le secours de vous, de vostre Pere,
Mais que fait Perdiccas?

CASSANDER.

Il vient de vous vanger
De l'Ingrat dont l'amour osoit vous outrager.

STATIRA.

Helas!

ROXANE.

Que dites-vous?

CASSANDER.

Oubliez-le, Madame,
Cet Ingrat, dont l'orgueil méprisoit vostre flame,
Et croyez que les Dieux ont souffert son trépas,
Puis qu'il a pû vous voir, & ne vous aimer pas.

ROXANE.

C'est assez, & dans peu je m'apreste à vous suivre,
Préparez tout.

CASSANDER.

J'y cours. Si pour vous j'ose vivre,
Je vais vous préparer un destin glorieux,
Ou bien j'auray l'honneur de mourir à vos yeux.

Il sort.

SCENE IV.

ROXANE, STATIRA, CLEONE, HESIONE.

ROXANE.

AH! Madame, je ſens qu'en de telles allarmes
Malgré moy, comme à vous, il m'échape des larmes;
Helas! il eſt donc mort?

STATIRA.

Quoy, ſans le ſecourir,
Vous le pleurez, Cruelle, & le laiſſez périr?

ROXANE.

Ah! je ne ſens que trop le feu qui me devore,
Je croyois le haïr, & je l'aimois encore;
Mais ce n'eſt pas aſſez, en de ſi grands malheurs,
Il faut verſer du ſang, c'eſt trop peu que des pleurs.
Madame, il vous aimoit, n'oſerez-vous le ſuivre?
Moy, j'en eſtois haïe, & ne puis luy ſurvivre;
Oüy. J'ateſte les Dieux, que par un noble effort
Dans peu je me rendray maiſtreſſe de mon ſort.
Mais quoy: de Perdiccas ſerez vous la victime,
L'objet de ſon amour, & le fruit de ſon crime,
Et pourez-vous paſſer dans ce cruel moment
En des Bras degoutans du ſang de voſtre Amant?
Vangeons Leonatus ſur vous & ſur moy-meſme,
Il faut que tout périſſe en perdant ce que j'aime,
Madame, en cet inſtant, voyons qui de nous deux
Oſera le vanger, & qui l'aime le mieux.

STATIRA.

N'en doutez point, Madame, en cet instant funeste
La mort est le seul bien, ou l'espoir qui me reste;
A mes sens éperdus est-il rien de plus doux?
C'est l'unique faveur que j'atendois de vous;
Mais sans avoir besoin de vous pour l'entreprendre,
Je feray mon destin en Femme d'Aléxandre.
J'entre. Dans un moment je reviens pres de vous,
Et vous allez joüir d'un spéctacle si doux.

SCENE V.

ROXANE, HESIONE, CLEONE.

ROXANE.

QUe vois-je? Justes Dieux! où va-t-elle, Hesione?
Son grand cœur me surpréd, sa fermeté m'étonne;
Tandis que je la vois courir sans s'étonner
Au devant du trépas que je veux luy donner,
Elle ne peut survivre au Héros qu'elle adore.
Quoy? je l'aimois plus qu'elle, & je respire encore?
Elle est venuë helas! dans ce triste moment
Me demander en pleurs les jours de son Amant.
Barbare que je suis! ma noire jalousie
A cet Amant si cher laissé perdre la vie?
Oüy, mon amour devoit encor le conserver,
Et dût-il estre ingrat, je devois le sauver.
Que dis-je? ma pitié m'auroit esté fatale,
Je l'aurois conservé, pour qui? pour ma Rivale;
N'importe? Je devois.... Ah regrets superflus!
Je l'aurois veu du moins, & ne le verray plus.

Je ne le verray plus? & j'ose luy survivre?
Ma Rivale m'aprend le chemin qu'il faut suivre;
Pleine de son amour, son cœur tranquilement
Sçait mesurer sa vie aux jours de son Amant.

HESIONE.

Madame, elle revient.

SCENE VI.

STATIRA, ROXANE, HESIONE, CLEONE.

STATIRA.

O Serez-vous me suivre?
Quand on perd ce qu'on aime, il faut cesser de vivre;
Je suis, graces aux Dieux, maistresse de mon sort,
Imitez-moy.

ROXANE.

Madame, un si cruel effort
M'étonne, me surprend, redouble mes allarmes;
Je vous vois, je frémis, & je verse des larmes,
Je sens mon ame en proye à toutes les horreurs,
Et vostre amour enfin surpasse mes fureurs;
Mais ce n'est pas assez que ma vie & la vostre,
Pour vanger vostre Amant il nous en faut une autre;
Reposez-vous sur moy du soin de mon trépas,
Mais j'y veux, s'il se peut, entraîner Perdiccas;
Et ma douleur qui veut que ma main se retienne,
Ne retarde ma mort que pour haster la sienne.
Oüy, contre Perdiccas j'armeray Cassander,
Et je vais avec luy rejoindre Antipater.

Je veux estre aujourd'huy le flambeau de la Guerre;
Le Ciel va par mes mains conduire le Tonnerre,
Diviser tous nos Chefs par leurs prétentions,
Et redoubler le feu de leurs divisions,
Les enveloper tous, détruire l'un par l'autre,
Pour vanger vostre Amant, mon Epoux, & le vostre;
Et donnant un champ libre à ma juste fureur,
Faire de l'Univers un Théatre d'horreur.
Vous n'aurez pas encor bien du temps à m'attendre;
Je vous suivray, Madame, en Femme d'Aléxandre,
Et si mon triste amour a sçeu vous outrager,
Voila, voila le Bras qui sçaura vous vanger,
Je vous suivray de pres, Madame.

SCENE VII.

STATIRA, CLEONE.

CLEONE.

Elle est partie.
Madame, au nom des Dieux, songez à vostre vie,
Il en est encor temps, & par un prompt secours
On peut....

STATIRA.

Laisses finir mes déplorables jours,
Je sens qu'à ces malheurs le Ciel m'a condamnée,
Et tu voudrois en vain tromper ma destinée,
Pouvois-je faire mieux? Aléxandre n'est plus,
J'ose encor apres luy pleurer Leonatus,
Et puis que j'ay perdu dans ce moment funeste
Un Epoux, un Amant, que m'importe du reste?

CLEONE.

Peut-estre cet Amant a-t-il un sort plus doux,
Peut-estre que....

STATIRA.

Non, non, Perdiccas est jaloux,
Le Cruel a couru sans-doute à sa défaite,
Mais s'il vivoit encor, je mourrois satisfaite,
Je le verrois du moins, Cleone, & plût aux Dieux
Que ce fidelle Amant vint me fermer les yeux.
Mais veux-tu, n'ayant plus cette douce espérance,
Que du fier Perdiccas je sois la récompense,
Que je sois dans les fers de ceux dont autrefois
Nous avons dédaigné de devenir les Roys?
Aux malheurs attachez à ma triste Famille,
Tu dois de Darius reconnoistre la Fille;
Mais, grace au Ciel, je sens la mort qui pas à pas
S'avance lentement, & ne m'étonne pas,
De mes derniers momens je feray le partage,
Aléxandre & mon Pere ont mon dernier homage,
Et si j'ose à ta foy confier mes desirs,
Leonatus, Cleone, a mes derniers soûpirs.

SCENE VIII.

LEONATUS, STATIRA, CLEONE.

CLEONE.

Ciel! je le vois, Madame, & contre vostre attente.

STATIRA.

Il est vivant, Cleone, & je mourray contente.
Sur tout, cache tes pleurs; helas! son triste cœur
Ne sera que trop tost instruit de son malheur.

LEONATUS.

Madame, mon amour trembloit pour vostre vie,
Mais enfin, je vous vois, & Roxane est partie;
Cassander, pour tromper Roxane & Perdiccas,
Luy-mesme a fait semer le bruit de mon trépas,
Sa feinte a réüssy; vous n'avez rien à craindre,
Ils sont hors de ces Murs, & sans plus nous cõtraindre,
Rendons graces aux Dieux d'avoir sauvé des jours
Dont la perte des miens auroit borné le cours;
Mon cœur de Perdiccas ne craint plus la furie,
Il poura, s'il le veut, attenter sur ma vie,
La vostre en seûreté....

STATIRA.

Mes veux sont exaucez,
Je vous vois, vous vivez, Seigneur, & c'est assez.

LEONATUS.

Ah, Madame, songez à bannir vos allarmes;
Mais justes Dieux! pourquoy Cleone toute en larmes?

CLEONE.

Ah! Seigneur....

STATIRA.

Je croiray tous mes malheurs finis,
Lors que vous n'aurez plus à craindre d'Ennemis.

LEONATUS.

Madame, quel discours....

STATIRA.

J'ay quelque inquiétude
Qui demande, Seigneur, un peu de solitude.
Craignez de Perdiccas quelque nouvel effort,
Vous vivez, & je suis contente de mon sort.
Je ne puis avec vous demeurer davantage,
Mes yeux appesantis se couvrent d'un nuage,
J'entre, vous aprendrez le reste en peu de temps,
Mais ne me suivez pas, & je vous le défens.
Adieu, Seigneur.

SCENE IX.

LEONATUS *seul.*

QUoy dõc? que me fait-elle entendre;
Et quel eſt ce [illegible]et que je ne puis comprendre?
Elle craint pour ma vie, & par un doux tranſport,
M'oſe aſſurer qu'elle eſt contente de ſon ſort.
De quel ſort, juſte Ciel! peut-elle eſtre contente?
Elle me croyoit mort, & contre ſon attente,
Elle me voit encor à ſes pieds... Mais, grands Dieux!
Quel deſordre, quel trouble ay-je veu dans ſes yeux?
Quel afreux changement marquoit ſur ſon viſage....
Je commence à percer ce funeſte nuage,
Et ſes yeux, & ſon teint, & ſa ſombre pâleur,
Tout ſemble ſur ſon front écrire mon malheur.
Roxane, quoy Roxane, auroit-elle.... Je tremble,
J'entrevoy les malheurs que mon deſtin aſſemble.
Allons, ſortons, il faut.... Mais quand je veux ſortir,
Un long frémiſſement dont je me ſens ſaiſir,
Dans mes eſprits glacez venant à ſe répandre,
M'arreſte, & me dit trop ce que je n'oſe aprendre,

SCENE DERNIERE.

PERDICCAS, LEONATUS.

PERDICCAS.

Rempli de desespoir, de fureur, & d'amour,
Seigneur, je vous cherchois pour vous ravir le jour,
Et je me vois chargé du soin de vostre vie.

LEONATUS.

Quoy, Seigneur?

PERDICCAS.

La pitié succede à ma furie,
J'en ay pour vous sans-doute, & par un juste effroy
Dans un momẽt peut-estre en aurezvous pour moy.

LEONATUS.

Ciel! je tremble.

PERDICCAS.

Incertain du sort de la Princesse,
Je la cherchois remply de crainte & de tendresse;
Je l'ay trouvée. Ah Dieux! elle estoit dans les bras
De Cleone. J'ay veu.... quel changement helas!
Ses beaux yeux presque éteints sous leur foible paupiere,
A peine joüissoient d'un reste de lumiere.
Elle m'a reconnu, quand par un juste effort
Le soin de vostre vie a retardé sa mort,
Et par quelques soûpirs a d'une voix tremblante
Tiré ces derniers mots de sa bouche mourante.
Je meurs, a-t-elle dit, vos soins sont superflus;
Seigneur, si vous m'aimez, sauvez Leonatus,
Empeschez.... A ces mots... mes soûpirs & ma rage,
Mon desespoir....

LEONATUS.

Ah Dieux! quel funeste langage?
Quoy, Statira n'est plus!

PERDICCAS.

Par un poison fatal
Vous n'avez plus d'Amante.

LEONATUS.

Et vous plus de Rival.
Je veux périr, il faut que la mort nous assemble.

Il se veut jetter sur l'Epée de Perdiccas.

PERDICCAS.

Oüy, Seigneur, périssons, mais périssons ensemble,
Je viens pour la vanger, & mourir avec vous,
Mais perdons Cassander & Roxane avec nous.

FIN.

Extrait du Privilege du Roy.

PAr Grace & Privilege du Roy, donné à Saint Germain en Laye le premier jour de Fevrier 1680. Signé, Par le Roy en son Conseil, GAMART : Il est permis au Sieur PRADON de faire imprimer, vendre & debiter, par tel Libraire qu'il voudra choisir, une Tragédie de sa composition, intitulée STATIRA, pendant le temps & espace de six années, à commencer du jour qu'elle sera achevée d'imprimer pour la premiere fois; avec défenses à toutes Personnes, de quelque condition & qualité qu'elles soient, d'en faire imprimer, vendre, ny debiter, d'autre Edition que celle de l'Exposant, ou de ceux qui auront droit de luy, à peine de trois mille livres d'amende, confiscation des Exemplaires contrefaits, & de tous despens, dommages & interests, & autres peines plus au long contenuës dans lesdites Lettres.

Registré sur le Livre de la Communauté.

Achevé d'imprimer pour la premiere fois le 23. Fevrier 1680.

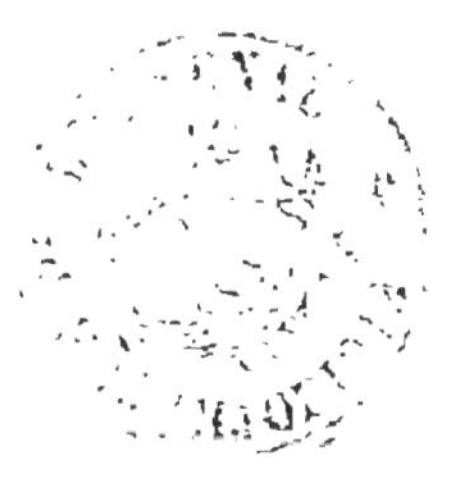

www.ingramcontent.com/pod-product-compliance
Ingram Content Group UK Ltd.
Pitfield, Milton Keynes, MK11 3LW, UK
UKHW020312220726
13923UKWH00003B/1105